狩りの思考法

角幡唯介

アサヒグループホールディングス株式会社 発行 / 清水弘文堂書房 編集発売

アッパリアスを
捕獲する

キビヤを頬張る筆者

海豹《アザラシ》と鯨を狩る

カヤックに乗る筆者と
狩りの風景

シオラパルク村　夏と冬

犬《いぬ》橇《ぞり》と子犬

麝香牛《ジャコウウシ》と大島育雄さんと筆者

狩りの思考法

角幡唯介

目次

北緯79度
ケーン海盆
イヌアフィシュアク
カナダ
エルズミア島
Ellesmere Island
スミス海峡
アウンナット
アノイトー
グリーンランド
北緯78度
イキナ氷河
ピトラフィ
イッドゥルアッホ
シオラパルク
Siorapaluk
カギャ岬
ケケッタ
Qeqertat
カナック
Qaanaaq
北緯77度

コロナ以後と未来予期

1

グリーンランドとカナダをへだてる海峡。南からスミス海峡、ケーン海盆、ケネディ海峡、ロブソン海峡と名を変えながら、北緯八十二度から七十八度にかけての約五百キロを南北につらぬく、それはまぎれもなく世界最北の海峡である。

世界最北ということは、基本的には冬になるとガチガチに凍るということだ。

ところが温暖化のせいか、近年は凍らないことがある。

異変がおきたのは二〇一七年冬だ。それまで、海峡は遅くても二月下旬には凍っていた。ところがこの年は三月になっても氷が張らず、結局そのまま冬が明けてしまった。翌二〇一八年は三月中旬にぎりぎり凍結したものの、その翌年の二〇一九年冬もふたたび結氷せず、海は開いたままだった。

グリーンランドで活動するようになって以来、私は、毎年のようにこの海峡沿岸および周辺の陸地で旅をつづけ、活動領域をじわじわ北へとのばしてきた。通えば通うほどその土地のことを深く知り、次に行ったときはより効率よく移動できるようになり、もっと遠くへ行くことができる。同じ土地に通う面白さを発見した私は、さらに高い機動力を手にいれるべく人力橇から犬橇《いぬぞり》に移動手段を変え、その技術習得につとめてきた。

土地の知識、旅の経験、犬橇の技術。極地旅行家としての技量が高まるうちに、いつしか私はグリーンランドからこの海峡を越え、活動領域をエルズミア島側にひろげることが可能ではないかと思うようになった。

くりかえすが、この海峡は世界最北の海峡であるわけだから、となるとその両側の土地は世界最北の陸地といえる。その海峡を股に活動することは、いうなれば世界最北の地を自分の土地のごとくにして動きまわることにほかならない。経験をつむうちに、私にはそれが、妄想とか淡い夢とかではなく、現実的な次のステップだと思えるようになってきたのである。

構想はおのずとふくらんだ。よし、これから何年かかけて海峡の両側を探検しまくり、獲物の棲息《せいそく》地だとか場所ごとの氷の傾向だとかといった細部にいたる土地の知識を偏執《へんしつ》的に獲得し、この広大な地域を〈自分の裏庭〉のような馴染みある土地にかえてゆこう。通暁《つうぎょう》をきわめ、〈裏庭化〉した土地を海峡の両側に拡大してゆけば、百年前のポーラーエスキモーのように、この世界最北の地を、地図ももたずに自在に動けるようになるかもしれない……。もし、そんな面白そうなことにわずかなりとも可能性があるのなら、のこりの探検家人生をそこに懸けるのもまた一興ではないか、と私はその妄想にすっかり酔ったのだった。

ところが、その肝心の将来の裏庭候補の海が凍らなくなりはじめた……。

これは地球環境にとって、というより、私の個人的活動にとって由々しき事態だった。

とりわけ衝撃だったのは、二〇一九年冬に結氷しなかったことである。

先ほど書いたとおり海峡がはじめて結氷しなかったのは二〇一七年冬である。もし結氷しなかったのがこの一回で終われば、アレはきっと異常気象だったのだろう、ということでこの問題は一件落着となったはずだ。ところが現実にはその二年後も凍らなかった。しかも、この二冬にはさまれた二〇一八年冬も、凍るには凍ったのだが、三月の異常な冷えこみでぎりぎり駆けこみで凍ったという感じで、もしその例外的な寒さがなければおそらくこの年も海峡は開いたままだったにちがいない、と思わせられる覚束《おぼつか》ない凍り方だったのである。

それを考えると、この三年でみれば、結氷した二〇一八年冬がむしろ例外であり、この傾向でいくと凍らないのがあたり前、こう推察されるわけで、それが道理というものだろう。となると、私は、海峡を越えてエルズミア島側に裏庭をひろげるために犬橇をはじめたようなものなのに、それができないことになる。現実的な話をすれば、十頭からの犬を維持するのだけでも年間百万円以上かかるし、この犬橇で北極の地を裏庭化してゆく過程を連載する話も某誌とつけてしまっており、裏庭候補地が凍らなくなることは私にとっては投資先が焦げつくようなものなのだ。

自分のこれまでの活動の履歴からたちあがった、この、私にだけ固有な探検の構想。これをやらずに死んでしまえば、生きている意味の半分ぐらいはなくなったも同然である。

このようなわけで、この二〇二〇年冬の私の最大の関心事は、はたして海峡が凍るのかどうか、ということにあった。もし結氷しなければ目下最大のプロジェクト、〈世界最北の地、裏庭化計画〉は水泡に帰し、私の未来は闇と化す。でも凍れば今後に希望を見出せる。はたして今年の状況はどうなのか？　年末から私は、随時更新される白黒の衛星画像を見ては、氷の一挙一動にやきもきする日々を送っていた。

ところが……世の中わからないものである。

あれは昨年十二月の年の瀬のことだったか。

それまで衛星画像で見る海峡は、例年どおりまだ結氷しておらず、北極海から氷の塊をのみこんでは南にむけて吐き出す一本の消化排泄器官の管みたいな様相を呈していた。だがある日、いつものようにパソコンの画面を開くと、海峡南端にあたるスミス海峡に、なにやら前日までは存在しなかったきれいな円弧模様がえがかれている。

私は目を剝《む》いた。というのも、これは氷が堰《せ》き止められている証拠だからである。

北からのつよい海流があるにもかかわらず、海峡全体の氷が崩壊せずにその形状を保つことができるのは、たぶんこの円弧の張力によるものと思われる。そして円弧ができる最大の条件は南風が吹くことだ。南風が吹き、かつ潮の状態がよければ、あたりの浮氷《ふひょう》がスミス海峡にぎゅっと凝集し、いわば一時的糞づまり状態となる。そのタイミングで氷点下三十度とか四十度とかの寒さが来てくれれば、この糞詰まり状態のまま結氷してがっちり動かなくなり、ひと冬の間つづく半恒久的なものと化すのだ。

要するこの円弧は海峡が結氷しはじめたことをしめしているのである。

おいおいおい、本当かよ、まだ十二月だぞ、この段階で凍ってしまうのか?

信じられない思いで、私は毎日、衛星画像や気象関連サイトをチェックしたが、その後、結氷をうながす南風がありえないほど吹きつづけ、一月八日の時点でほぼ完全に氷の動きが止まったのだった。

海峡は結氷した。これは信じられないことであった。海峡が凍るのは早くても二月からというのが相場で、正月明けに結氷することなど少なくとも私が北極に通うようになってからははじめてである。結氷しないんじゃないかと危惧していたのに、猛烈な勢いで凍ってしまったのだ。

それ以来、私はそわそわしっぱなしだった。

これはまた、天の恵みか神の恩寵《おんちょう》か、とにかく神風が吹いたことはまちがいない。こんなチャンスはもう金輪際ないかもしれない。こんなに早く凍るのは逆に異常、前代未聞であり、その意味で特殊な出来事であるわけだから、来年以降はまた情勢はきびしくなるだろう。つまり、これが最後の大結氷の可能性が高い。氷の状況だけではない。四十三歳という年齢を考えても、これが北極で大旅行をやらかす最後の機会となるかもしれないのだ。

私は大それた計画をたてた。

毎年探検の根拠地にしている最北の村シオラパルクを犬橇で出発し、まずは内陸氷床を越えてその先にあるアウンナットの無人小屋にたちよる。この小屋には前年の旅で大量のドッグフードを備蓄しておいたので、そこから一カ月分を橇につんで再出発する。アウンナットを出発したら海豹《アザラシ》をとりながら行けるところまで行く。これまでの旅で途中の土地についてはある程度熟知しているので、少なくとも北緯八十一度以北のどこかで海峡を越えてエルズミア島に上陸するぐらいのことはできるだろう。そしてエルズミア島に入ったらひたすら北を目指す。途中で顎鬚《アゴヒゲ》海豹のような大物の獲物にめぐまれれば、はるばると二千キロ近く流れ歩く未曽有の旅となるかもしれぬ。

私のやりたいのは明確な目的地を決めた到達至上主義的な旅ではなく、狩りの結果次第で行き先や展開がかわる漂泊だ。組織だった遠征ではなく、あくまで個人旅行であることにこだわり、そのうえで北極を極限までうろつく。元来がいい加減な性格なので、そのほうが旅のスタイルとして向いているのである。だから事前に明確な計画はたてておらずどうなるかわからないのだが、しかしそれだけに自分でも結末が読めず、ことによっては地球の陸地の果てまで行くことになるやもしれぬ、などと期待してしまう。どこかの岬にふらふら流れ着き、ふと北極海を見下ろす。外部からの補給なしに食い物を現地調達しながら、ひとりでそんなところまで旅をした人間は極地探検の歴史を紐解いてもほとんどいない。いるとしたら大昔の知られざるエスキモーだ。北極で完璧な旅行技術をもっていた憧れの古《いにしえ》の旅行者。嗚呼、本当にそんな凄い旅になったらどうしよう……。と、良好な結氷状態を写真でみるたび、想像が自己増殖的に都合のいいほうに向かい、気持ちが昂《たかぶ》り、夜も眠れず、変な緊張感が生じて腹のあたりがきゅーっとしめつけられた。

一月中旬、私はそわそわしたままシオラパルクに入った。それからひたすら犬の訓練にあけくれた。また、エルズミア島に行くには国境を越える必要があるので、必要書類を用意してカナダ当局に入域許可もとりつけた。

村で準備中も僥倖《ぎょうこう》はさらに強まった。二月、三月も例年以上の冷えこみで氷点下三十度以下の日がつづき、結氷域がますます拡大。グリーンランドとエルズミア島間の海峡ばかりか、村の近辺でも、近頃は滅多なことでは凍らなくなった海域にまでびっしりと氷が張りつめた。もはや私の背中を押す神風は台風なみになり、いよいよ前例なき遠大な犬橇旅行という妄想が現実味をおびはじめたのだった。

ところがそれは甘かった。駄目だったのだ。

何があったのか、というと次のようなことがおきた。

三月十九日に村を出てから六日後、百五十キロ先にあるドッグフードを備蓄してあるアウンナットの無人小屋に到着した。人力にせよ犬橇にせよ、グリーンランド北部の旅は、じつは、荷物が重い状態で氷河を千メートルも登らなくてはならない出発直後が最大の難所である。その難所を越えた疲労と氷点下四十度近い寒さで、私はテントのなかで海豹のようにぐったりとしていた。そして翌日、衛星電話で最初の連絡を妻にいれた。

衛星電話は冒険の重要な要素である孤絶性をよわめ、作品としての旅の完成度をそこねるので、本音をいえばつかいたくない。ここ二年はもたなかったが、夢想どおりの遠大な漂泊となればいつ村にもどれるかわからないので、この旅では結局、必要悪として携帯することにした。だが結果的には衛星電話をもったことで、私はエルズミア島にわたることができなくなってしまったのだ。

電話の向こうでの妻の口ぶりは、呑気な彼女にしてはめずらしく、なにかこう、切羽詰まったものがあった。

「いい、よく聞いて。カナダ政府から許可が取り消された。だからあなたはもうカナダに行くことはできない」

そんな馬鹿なと、私は愕然とした。だが同時にその理由はすぐにのみこめた。なぜ入国が拒否されたのか。それはもちろんコロナウイルスのせいである。

2

二〇二〇年三月中旬といえばコロナ騒動真っ盛り、日本で、というか世界中で現代文明のシステムが崩壊しかかっており、人びとの心は明日をも知れぬ沈鬱《ちんうつ》とした闇に閉ざされていたころである。

そんな危機の最中、呑気に遠大な犬橇行などということをほざいていること自体、不届き千万な話で、入国許可が取り消されたところで何の不思議もないではないか、と思われるかもしれない。しかし、私にとってはそうではなかった。そんな馬鹿な、と愕然とするにたる理由が私の側にはあったのである。

というのも、じつはこのとき、世界で何がおきているのか、私はさっぱり把握していなかったのである。

世界を席巻するコロナ禍から、私は完全にとりのこされていた。今、三月中旬の状況として〈人びとの心は明日をも知れぬ沈鬱とした闇に閉ざされていたころである〉と書いたが、これも、たぶんそうだったんだろうなぁ、といい加減に憶測しただけの話で、実際にそうだったのか、じつは全然知らない。なにしろこちらとしては沈鬱どころか、冒険史レベルだの、遠大な旅行だのにむかって超ポジティブな心もちで村を出ているわけで、精神状態の向く方向が世界の他のすべての人びとと完全に逆をむいていたのである。

なぜそんなことがおきたのか。シオラパルクとはそこまで隔絶した集落なのかと、そう勘ちがいする向きもあるかもしれないが、そういうことでもない。

たしかにシオラパルクは冬は水道も凍結するし、便所もバケツみたいな容器のうえに座るだけだし、コンビニやくじら軒もないしで、不便な地ではある。でもそれはただ生活や移動がちょっと面倒、というだけの話で、ひと昔前とはちがってグローバル経済や情報通信インフラからとりのこされているわけではない。テレビもあれば、大人も子供もスマホをもっており、SNSでつながってもいる。日々、犬橇に乗り海豹や海象《セイウチ》をしとめて暮らす狩猟民族というと未開人のような暮らしを想像する人もいるが、そんな素朴な共同体はもう地球上にほぼ存在しない。なので、村人は世界の他の人びとと同じようにテレビやスマホでコロナウイルスの動向について把握していた。把握していなかったのは、村のなかでも私だけだった。

では、どうして私だけが現状認識からとりのこされたのかというと、それはネットを自由につかえる環境になかったからである。

村での情報の入手先としてはテレビやラジオのニュースがあるが、これは言葉を解さないので私には理解不能である。一応、地元なまりのグリーンランド語で多少の日常会話はできるが、とてもニュースを理解する水準にはない。となるとネットで情報を仕入れるしかないわけだが、私はスマホももっていない。またグリーンランドでは住民番号を所持していないとネット回線をひくこともできないし、

Wi-Fi のルーターも借りられない。

とはいえ、この時代、完全にネットから切り離されて社会生活を維持することはむずかしい。今更手紙やファクスで原稿やゲラのやりとりをするわけにもいかないし、時折、メールで仕事の依頼もまいこんでくる。なので村にいるときは山崎哲秀さんという私と同じように毎年村で犬橇活動している探検家仲間の家にパソコンを持参し、回線を接続させてもらっている（長年村にかよう山崎さんはなぜか住民番号をもっている）。ただ、日本とはちがってネット回線の容量は無制限ではなく上限がもうけられているため、私も一応気をつかい、社会生活に最低限必要なメールのやり取りだけに使用をとどめている。

と、こういうわけだから、ニュースはおろか、自分の本のレビューも読んでないし、エゴサーチもしてないし、スカイプで家族の顔も見ていないのだ。

テレビも駄目、ネットもなし、となると、のこされた情報の入手方法としては人びとの口の端にのぼる噂話しかない。

具体的にいえば、私の唯一の情報源は妻との電話だけだった。

村にいる間は毎日のように妻子に電話したが、二月に入ってからだろうか、妻の話のほとんどはコロナ騒動への言及がしめるようになった。

当初、彼女の口ぶりからは危機的な気配は感じられず、話の中身も病気そのものへの恐怖より、むしろ混乱する社会への揶揄《やゆ》、政権の無策にたいする苛立ち等々が多かった。どちらかといえば愚痴を聞く、といったほうが実態に近かったと思う。よく聞かされたのが、マスクや便所の巻紙の買い占めがはじまったことへの呆れ、学校の休校措置への不満、娘の幼稚園の卒園式がなくなるかもしれないことへの悲哀といった内容で、インフルエンザに毛が生えた流行性感冒――そのようにしか私には考えられなかった――で、なぜ社会が大混乱をきたすのか、どうにも理解しにくいものがあった。

そのうち妻の話には、ディズニーランドが休園した、東京五輪もやばい、このままだと日本経済は破綻するにちがいない、病死者より自殺者が上まわるにちがいない、もともと少なかったあなたの本の読者もさらに減るにちがいない、とやや危機的な内容となり、口ぶりも明日どうなるのかもわからない、これからのことを思うとすごい憂鬱だ、となんだか深刻なものに変わった。だが私のほうとしては、発生源が中国だということで、どうしても以前のSARS騒動が思い浮かび、あのときと同じように日本には大きな影響もなく収束するに決まっている、といった楽観が頭から離れない。死者数を聞いてもとても多いとは思えないし、子供は重症化していないとも聞く。北海道の両親も元気だということで家族の身の上に危険が降りかかるようにも思えず、五月に犬橇の旅から村にもどれば、元通り収束しているにちがいないと思いこんでいたのである。

それに私が楽観的でありつづけたのはシオラパルクの特殊性にも理由があった。

なにしろ、情報こそ入るとはいえ、グリーンランドには三月中旬まで感染者がひとりも発生しなかったのである。

とりわけシオラパルクは人口四十人前後の小集落であり、隣町カナックまでの五十キロは氷しかない無人の荒野だ。情報通信網でつながってはいるとはいえ、地理的に隔絶していることにまちがいはなく、犬橇でカナックとの間を往来する者は地元民にかぎられる。人口の多い――といってもグリーンランドは全体でも五・六万人ほどしかいないのだが――南部の都市部に出るには、一度カナックに行き、週に一便しかない定期便に乗らなければならず、畢竟《ひっきょう》、外国人の来訪は稀だ。こうした隔絶環境にあるので病原菌が侵入する恐れは低く、本気で感染を心配する村人などいなかった。

「おれが五月に犬橇の旅から村にもどったら、もうシオラパルクの人はみんなコロナで死んじゃって誰もいないんじゃないの」

「あっはっは」

と私のブラックジョークに村人が爆笑する。こういう会話が成り立つほど、村にとってコロナは他人事であった。

そして、このような事情で従来どおりの生活がいとなまれているシオラパルクの村のなかにあっても、情報すら遮断された私は、もっとも現状を認識できていない人間であった。要するにコロナ騒動から取りのこされた私は、世界でただひとりというレベルで浮世離れした存在と化していたのである。文明規模で混迷が深まり、私以外のすべての人はコロナ以後の世界に突入しているにもかかわらず、私だけはコロナ以前の世界に属したままだった。

三月中旬をすぎると、コロナ騒動をどこか他人事にみていたシオラパルクの村人の間でも、徐々にそれを深刻な脅威としてとらえるようになった。それが感じられたのは、家に暇つぶしに来る村人の話題がコロナ一色になったからである。しかもそれは、米国がひどい、イタリアで死者が多数出ている、などといった海外情報ではなく、デンマークとの間の定期便が飛ばなくなるかもしれない、四月に来るといっていたフランスのテレビ取材班はもう来られない、といった、自分たちと関係のある国内情報だった。

村をたつ二日前、ついにグリーンランドでも感染者が確認された。ここにいたって村の雰囲気はがらりと変わった。感染拡大を防止するためグリーンランド政府はデンマークとの定期便の運休、飛行機や犬橇による他集落への訪問の禁止、外国人旅行者への国外退去勧告などの対策が発表され、村人は会見の模様を無言のまま見つめていた。

村の雰囲気が変わると、さすがに私にもそれは伝わってくる。他集落への訪問が規制されただけに、犬橇で旅立つことが何かルール違反であるかのような、自分に白い目が向けられている負い目も感じた。しかし私としてはずっと村で準備してきたわけだし、結氷状態だって最高にいいわけだし、今更行かないという選択肢はありえない。何しろ今年は大旅行をやる最後のチャンスかもしれないのだ。コロナだか何だか知らないが、こっちとしてはそんなものにかまっている余裕はない。それに世界中でコロナウイルスが猛威をふるっているといっても、現実としてシオラパルクには病原菌は侵入しておらず、私が向かおうというのは他集落どころか人間のいない荒野だ。私の行為により誰かを感染させる危険は絶無であり、私の旅はコロナとは完全に無関係である。

だが、結果的に無関係というわけにいかなかった。その事実を私に突きつけたのが、妻からの電話連絡で聞いた入国許可取り消しの一件だったわけである。

3

妻からカナダ当局の取り消し通知を聞いたとき、私はまず、その決定の理不尽さに憮然《ぶぜん》とした。なぜ理不尽なのか。それは私が行こうとしたところに人間は存在しないからだ。

私が予定していた旅のルートは、まずグリーンランド側を北上し、北緯八十度三十分から同八十一度三十分のあいだで海峡を越えてカナダ・エルズミア島側にわたる、そしてエルズミア島側を可能なかぎり北上する、というものであった。

近年の私は、そのとき、その場の状況で行き先を随時変更する、そんな極地旅行を志向しており、私はその行動原理を〈漂泊〉とよんでいる。漂泊なので、原則、事前に〈計画〉をたてることはできないが、実際問題としてカナダ当局に入国許可を申請するときには計画書が必要なので、まあ、このへんをたぶん行くだろうなぁ、というあたりに線を描きこみ、大雑把な日程だけはくんでおいた。今回に関していえば、もしかしたら前例なき旅になるかも……と夢想していたわけだから、一応、その夢想にしたがい、途中の展開次第ではこんなところまで行けちゃうかも……なんて感じで、すべてがうまくいくことを前提にした、ほとんど妄想、としかいえないようなルートを設定しておいた。カナダ当局はこの、風呂敷だけは目一杯ひろげた計画書を見て許可を出してくれたわけだが、その計画書によると、私が行くことになっている地域には、くりかえしになるが集落は一切存在しない。だから人間も存在しない。正確にはエルズミア島の北端にアラートというカナダ軍の施設があり、そこに軍人が駐屯しているはずだが、そこから百キロ以内には近づかないことになっている（ちなみに、アラートの二十キロ圏内に入るには特別許可が必要で法的にも近づけない）。

要するに、よしんば私がコロナウイルスを保持していたとしても、伝染させる相手のいない場所なのである。

さらにいえば人間がもしいたとしても、伝染のおそれはないはずだ。

かりに私がシオラパルクで感染した状態で出発したとしよう。しかしシオラパルクから、私が越境を想定していた国境付近までは距離にして四百キロ前後あり、どんなに早く見積もっても、そこに到着するには村から二週間以上はかかる。だから、もし私が村でウイルスに感染したとしても、国境に着くまでには発病し、死ぬか恢復《かいふく》するかしているはずで、衣類や装備に付着したウイルスもその間に死に絶えるか吹き飛ばされるかして、一掃されているだろう。だから私が村でコロナウイルスに感染して旅の途中で発病し、衛星電話で救助をよぶにしても、それはグリーンランド側の話であり、カナダ側ではありえない。

① シオラパルクに感染者はおらず、だから私も感染していない。

② 私の向かう場所に人間は存在しない。

③ かりに①と②の前提が誤りで、じつは私が村で感染しており、かつ旅の途中で人に会うとして

も、国境を越えるまでに私のまわりからウイルスは消えている。

この三つの条件を乗り越えて私がカナダでコロナウイルスをまきちらす可能性は、絶無といってよいはずである。

いや、もしかしたら白熊や狼に感染する可能性があるのか？

噂によれば、ウイルスは二メートル以内で飛沫感染するとも聞く。白熊が私に二メートル以内に近づき、恐怖のあまり私が、うわあぁぁ……と間の抜けた叫び声をあげ、唾がとんで白熊が感染する。そしてその白熊が大慌てで南下を開始し、二週間以内にもっとも近くの集落——直線距離で七百キロほど離れたグリスフィヨルド——にたどりつき、そこで村人に二メートル以内に接近し、グオオオと咆哮して飛沫感染させる……と、そんなシナリオをカナダ当局は恐れたのだろうか？

しかし常識的に考えてそんな馬鹿なことがおきるわけがない。つまりどこをどうまさぐっても、私がカナダ側にウイルスをもちこむ可能性はないわけで、だからこそ私は入国許可が取り消されるなんてつゆにも予想しなかったし、妻から知らせを聞いたときは言葉を失ったのである。

しかし同時に、こんなことを思ったのも事実だ。

カナダ当局が私の入国許可を取り消したのはウイルスの感染拡大を防ぐ、というのが名目だが、こと私の旅にたいしては、この政策に有効性はなく、無意味である。無意味なことを押しつけられたのだから、不条理だ。しかしカナダ当局にとって意味があるとかないとかは、もはや問題ではないのではないか。不条理を不条理として押しとおす、そんな状態に追いこまれているのではないか。かりに白熊をつうじての感染が０・００１％でもある以上、そのリスクをかかえた人間の入国は認められない。いや人間どころか、猫一匹、ダニ一匹すらこのカナダの地を踏ませることはまかりならん。人間、動物、郵便物、とにかく外から入ってくる物体は全部駄目なのだ。

私が感じたのは、こうした国家としての気合であり、カナダ当局にこのような気合をいだかせるほど世界は渾沌に陥っているのだ、ということであった。

カナダ当局の決定だけではなく、妻の口ぶりが変容していることにも、私は狼狽《ろうばい》をおぼえた。

彼女はこんなことを言った。

「世界が今、こんな状態なのにひとり探検などする意味を考えてほしい。物書きとしてそれを表現してほしい」

こっちは難所を越えて疲れているというのに、この人はまた何と高いハードルを夫に課す女であろうか、鬼嫁か、と私は途方に暮れた。

もちろん探検に出る意味など、これまで方々に書いてきた。

人は誰でもおのれの過去の足跡と経験をつうじて、次はこれをやりたい、というある種の〈思いつき〉をいだく。その思いつきは、その人の個人的な歴史の歩みのなかで生起するものである以上、それを実行してゆくことで固有の未来が開け、人は自分自身になることができる。

私がこの長期犬橇行に出たのは、これまで生きてきた結果として、ほかならぬ私がそれを思いついたからだ。たまたま探検の世界に足を踏み入れ、自分なりにそれを実行してきて、そして北極に通うようになり、その帰結として、私の頭には次は長期犬橇行をやろうという考えが浮かんだ。ということは、この思いつきには自分の人生の全過去とこれからの未来がふくまれていることになり、これはまさに自分の人格そのものといってもいいだろう。旅をして新たに開ける道をゆくことで、私の人生の固有度はさらに高まり、私は私になることができる。逆に、過去と未来が凝縮したこの思いつきを実行しなければ、私の人生は、それをやらなかった人生に頽落《たいらく》し、強烈な負い目をかかえることになる。だから、それから逃れられない。思いついたのにそれをやらないという選択肢はありえないのである。探検だろうと何だろうと、それが人が何かを〈やる〉理由だ、と私は考えている。

しかし妻が問うているのは、そういうことではなさそうだった。

それはいい。それはそれでひとつの思想として、これまでならあなた以外の他者にも一考の価値があったかもしれない。だがコロナにより世界が一変してしまった今、それを言ったところで読む人の胸にとどくのだろうか？

村にいたとき、妻はまだこんな差し迫った言葉をつかってはいなかったが、でも今はそれをつかっている。それぐらい世界は変貌したということだ。

世界は今〈こんな状態〉なのだ、と彼女は言った。そして、その状況のなかで探検などする意味を考えるべきだとも言った。しかし私には、世界がどんな状態にあるのかさっぱりわからない。妻の言葉は、このような状態になってしまった世界にたいして、私がまるで背中を向けて旅立っているかのような口ぶりではないか。

もちろん私には背中を向けている意識などさらさらない。

この探検の旅は、世界が〈こんな状態〉になる前から予定していたもので、それにのっとり準備をつづけ、しかるべき日が来たので出発したにすぎない。何しろ思いついてしまったのだから、私としてはやるしかない。こっちは何も変わっておらず、変わったのは世界のほうである。だが妻の口ぶりから察するに、〈こんな状態〉になってしまった世界に属する他の人びとは、私の旅をそのようには見ない。〈こんな状態〉になった世界と対立するものとして私の旅をとらえ、ネガティブな感情をいだく人がいるはずだ。そして経緯はどうあれ、現実問題として私の旅が世界と相反したものとなってしまっているのなら、その相反する行為と、こうなってしまった世界に属する人たちの心とを結節させる言葉を見つけるべきではないか。あなたが誰かにむかって物を書く以上、今やそこを目指さなければならないのではないか。たぶんそれが妻の言わんとしていることにちがいない。

まったく世界はどんな状態になってしまったというのか。

私はそれからしばらく〈こんな状態〉になってしまった世界について思考をめぐらせたが、当然、北極の海氷というコロナと完璧に断絶した場所にいるので、何もわからなかった。わかるわけがなかった。

ただひとつヒントがあった。もちろん私とコロナ以後の世界との唯一の接点は妻との電話だったので、そのヒントも彼女の言葉だった。

妻は次のようなことも言ったのだった。

「あなたは今、世界で一番安全な場所にいる」

北極の氷原でコロナ以後の世界と断絶してしまっている私が、もし、少しでもそのコロナ以後の世界のことを理解しようとするなら、妻のこの言葉を、自分がこれまでに培った経験をつうじて読み解かなければならないだろう。

私はアウンナットの小屋の前に張ったテントのなかでそう考えた。というのも、妻の言葉と口ぶりの変容こそ、私が唯一接することのできるコロナ以後の世界の窓口であり、その窓口から漏れこぼれてきたのが、「あなたは今、世界で一番安全な場所にいる」という言葉だったからである。これこそコロナ理解のために私が手にし得る唯一の鍵、天上界からゆるゆると降りてきた蜘蛛の糸で、私はそれにすがるよりほかない。

それにしても「あなたは今、世界で一番安全な場所にいる」とはどのような意味か。

普通なら妻の言葉にたいする反応はこうなるだろう。

そんなわけはない。まったくもう、いい加減にしてもらいたい。

馬鹿にしてんのか、と夫婦喧嘩に発展してもおかしくないところである。

なぜなら、いくら旅慣れた土地とはいえ、私が向かおうとしている地域はなんといっても人跡稀な地であり、その意味で危険をあげればキリがないからである。

一番危険なのが、犬橇単独行という私の旅のスタイルだ。とにかくひとりで犬橇で旅をすることは、それ自体、危険なことである。犬は集団になると、ひょんなことがきっかけで急に暴走して止まらなくなる。たとえば下り坂で後ろから橇が自走すると怖くて暴走する。あるいは風上側に海豹や狐がいて、おいしそうな臭いが漂ってくると暴走する。もし私が橇から下りているときにこうした暴走がはじまると、私はその場に置いていかれる。そして犬が私のもとにもどってくるかといえば、九割五分方もどってこない。仮に衛星電話があっても、橇に積んでいるわけだから、救助をよぼうにもよべないわけで、もしそうなれば、私は氷原のど真ん中で何の装備もなく孤絶し、そのうち野垂れ死にするだろう。イヌイット猟師は通常、犬橇で長期の一人旅をしないが、それはなぜかといえば危険だからである（あと効率も悪いから）。

白熊の危険も無視できない。ライフルをもてば安全かというと、そういうわけではない。たとえば私のもっているライフルは〈.22-250〉という二十二口径弾用のライフルだ。弾が小さく海豹狩りにもつかえるし、その一方で火薬の量が多く殺傷能力が高いため万一の白熊対策にも有効という万能型である。とはいえ所詮二十二口径なので、緊急時に発砲したとしても急所を一発で撃ちぬかないかぎり、白熊ほどの大型獣がその場で死ぬことはない。傷を負った白熊は通常遁走《とんそう》するが、中には決死の反撃に出るのもおり、こうした手負いの白熊ほどおそろしいものはない。

もちろん氷に関係するリスクも馬鹿にならないものがある。とくに岬や小さな島、氷山などの周辺は潮流のうごきが複雑で、海氷が解けて穴のあいたアウッカンナとよばれる危険地帯ができあがる。完全に海水が露出すれば、あそこにアウッカンナがあるな、とわかるので避ければいいのだが、解けかけた氷にちょっと雪でも積もれば、どこが薄いのかわからなくなり、気づかずその上に乗っかって氷が割れて犬もろとも落水死、との落とし穴的危険がまちかまえている。

と、このように北極の旅では危険が周囲に満ちあふれているわけで、仮に都会暮らしでコロナ感染の危険があるといっても、じゃあ北極の犬橇一人旅と、コロナ流行下の東京でどちらが死ぬ可能性が高いかといえば、それはどう考えても犬橇一人旅である。比較されること自体、侮辱と感じるほど、その差は歴然としている。

では妻の言葉はまちがっているのか、というと、それもちがう。なぜなら当の私自身、「あなたは今、世界で一番安全な場所にいる」という言葉に、なるほど、たしかにそうだ、とつよい説得力をおぼえたからだ。

はたしてこれはどういうことか。

おそらく妻が言う安全という言葉が、通常の文脈での安全とはややちがった意味あいをおびているということだろう。そして、妻の言う安全が崩壊してしまったことこそ、コロナ以後の世界の特徴であり、いくら犬橇や白熊の危険があっても、私の旅にはまだその意味での安全がのこっているということではないか。

安全とは何なのか。

ひとつ言えそうなのは、安全とは日常という言葉と関連のある概念ではないか、ということである。言いかえれば、日常とは安全が担保された時間の流れなのではないか。というのも安全こそ日常の本質だと思われるからである。

とくに日本の、現代社会では、それが言えるのではないか。私たちが今、もっともつよく求めているもの、それは安全である。自分と家族の安全のためには、ほかの多くが犠牲になってもかまわないと多くの人が考えている事実に、現代日本社会の特質は何よりもあらわれている。

街中のいたるところに監視カメラがあるのは、自分の行動や自由が抑制されるわけだから、本来なら不快きわまりないものである。にもかかわらず住民がその存在を歓迎するのは、監視カメラがあったほうが暮らしが安全になると感じるからである。また、小学生の集団登下校を見ると道草する自由がなくて可哀そうにも思えるが、世の親たちがそれを望むのは、集団登下校をしたほうが途中で変質者に襲われる心配がないからであろう。顔にモザイクのはいったブログやSNSの写真を見ると、その人物の存在が全否定されているかのような不気味さをおぼえるが、それでも人びとがこぞって顔にモザイクを入れるのは、そうしたほうが色々と面倒なことに巻きこまれる心配が少なくなるからだ。自由や人権を大きく侵害する盗聴法のような悪法への支持が一定程度集まったのも、自分と家族の安全のためなら他人の人権がそこなわれたってかまわない、と考える人が多いからである。

こうした風潮を見るにつけ、現代日本社会では、安全こそ、自由や人権よりも価値の高い概念として希求されている、と思わずにいられない。幸福とは何か。それは安全に暮らすことである。もう、家畜みたいな暮らしでいいから死ななければそれでいいと、極端にいえばそういうふうに考えている人は、たぶん少なくないのではないか。

今、私は世の安全志向を揶揄する書き方をしたし、実際に性格的にこういう風潮に反発を感じるタイプの人間である。安心安全という言葉が何よりも嫌いで、安心安全がそんなに大事なら、家のなかでポテトチップスを食べて一生暮らせばいいじゃないか、でもそんな人生が面白いか？　との苛立ちをおぼえるほどである。

しかし、その私とて日々の生活が常に危険に満ちていることを望むか、いつ死んでもおかしくない二十四時間修羅場の斬った張ったの毎日が理想か、といえば、やはりそんなことはない。平穏で恙《つつが》ない日常をじつのところ望んでいるわけだし、娘に健やかに育ってもらいたいとか、妻と二人で長生きしたいとか、そういう平凡な願望もひそかにもっている。探検家という肩書で活動していると、太く短い極道みたいな人生を望んでいる輩だと勘ちがいされることが多いが、正直なところそんな人生はまっぴら御免で、私が望んでいるのは太く長い人生、できれば極太な状態で百二十歳ぐらいまでしぶとく長生きする人生である。

人間が生き物であるかぎり、生に執着するのは本能なのだろう。理屈のうえでは生に執着できる者ほど子孫をのこす可能性は高いはずで、言い方をかえれば、つよい人間とは生により執着することのできる人間だ。人生に未練を感じないであっさり自殺する人より、生と性に貪欲で、老後も精力絶倫という人のほうが、生物学的にはあきらかにつよい。生への執着が本能なら、人間が、この、できれば死にたくないという安全への希求に生活を引きずられるのは必然ともいえる。

となると安全への希求とは、死から隔たった今の状態がこのまま未来もつづくことへの願望、と言いかえることができるのではないか。

私は今、死んでいない。実際、原稿を書いているわけだから、死から隔たったところにいることはまちがいない。それが最高な状態かどうかは別として、死にたくないという本能はさしあたり満たされている。ところが普段と異なる変則的な出来事、事件、事故がおきると、そのことで、今のこのさしあたっての安全な状態は変わってしまうかもしれない。こうした変則事案は、この、ひとまず安全である今を脅かす危険因子だ。だから死にたくないという本能は、この変則事案の発生を何より嫌う。べつに良くならなくてもよい。恙なく、これまでどおり何事もなく暮らしたい、今のままがつづけばよいと、死を避けるのが本能であるだけに、人にはこのように現状維持を希《こいねが》う傾向がある。

そう考えると、安全というのは要するに未来にたいしての期待なのだということがわかる。今までどおり未来も恙なく生きること、これが人が安全を感じるための重要な条件だ。つまり安全という概念は時間性と密接にかかわっている。今がどうなのか、というより、未来がどうなるのか、これが問題なのであり、こうした変化のない安全が将来にわたって期待できる時間と空間のことを日常と呼ぶのではないだろうか。

だがちょっと待ってもらいたい。少し考えればわかるとおり、これはおかしな話である。なぜなら未来がどうなるかなんて、誰にも絶対にわからないことだからだ。

未来は本質的に謎だ。未来を正確に予知することは不可能である。

たとえば明日というものを考えてみる。明日私は生きているのだろうか。そんなことは誰にもわからない。死んでいる可能性は決してゼロではない。急に心臓が止まるかもしれないし、今宿泊しているホテルで火災が発生するかもしれない。隣の宿泊者に殺されるかもしれないし、車に轢《ひ》かれることも十分に考えられる。私が明日生きていないことは多分にあり得る事態であり、そんなことは今更指摘するまでもない、子供だって知っている真実だ。

であるにもかかわらず、私が今、明日の自分をどう捉えているかといえば、たぶん生きているだろうなぁと考えているわけだ。今述べたように、現実としては明日私は死んでいるかもしれないし、生きているかもしれない、どっちになるかは神でない以上、絶対にわからない。それなのに、なぜか私は、きわめて漠然と、明日も自分は死んでいないとみなしている。どうしてこんないい加減な認識が成り立つのだろう。しかも私はこのいい加減な根拠なき確信をよすがに、明日以降に何をするかまで考えているのだ。じつに奇妙なことである。

未来は謎であるはずなのに、なぜ、私たちの思考回路は未来もつづくとみなすのか。その答えは、そのように認識しなければ生きるのがつらすぎるからだ、と私は考えている。つまり未来は謎、というのが真実であるのだが、人の思考回路は能《あた》うるかぎりその真実を見ないように設計されている。

何事にもよらず未来は予見不可能である。すなわち真の現実世界というものは渾沌としており何がおきるかわからず、未来を正確に把握することは絶対にできない。今書いたように、十分後に車に轢かれるかもしれないし、二時間後に心臓が止まるかもしれない。その意味で現実は制御不能で、つねに不確定状況が延々とつづく生生流転の修羅場である。だが、それを認め、修羅場を修羅場として受けとめることはあまりにもしんどい。十分後に車に轢かれる可能性、二時間後に心臓が止まる可能性、その他ありとあらゆる、無限といってよい死ぬ可能性を心配し、それにいちいちあたふたしていてはとても生きていくことなどできやしない。通常強度の精神の持ち主であれば、それこそ狂死してしまうにちがいない。だから人類の時間認識のメカニズムとしては、このつらい現実をなるべく見ないようにすることになっているのではないか。つまり、本当は何がおこるかわからない渾沌とした未知こそ真の現実なのだが、それを整然とした先の読める、ある種の仮象につくりかえ、われわれはその仮象のなかで生きることにしているのではないか。そうでなければ先を見通し、予定や計画をたてるという思考の操作は不可能である。

だが、たとえそうだとしても、明日、明後日も生きているにちがいないとの確信を得るには、なにがしかの根拠が必要だろう。何の根拠もなしにそんなことを信じろといっても信じられるものではない。私たちはきっと何か根拠があって明日生きている自分を想定しているはずだ。

根拠はある。それは過去の実績である。

私はひとまず今生きている。なにはともあれ、今まで死なないでやって来た。四十五年間も死ななかったのだ。これはなかなか凄いことではないか。この四十五年間をあと一秒先に延ばすことは、それほど支離滅裂な想定でもないだろう。ゼロから一への飛躍には埋めがたい断絶があるが、神もそれぐらいのわがままはゆるしてくれるにちがいない。きっと私はあと一秒は死なない。一秒がOKなら、論理的にはそれを一分に延ばし、一時間に延ばしても同じことである。であるならあと一日は死なない、一カ月は死なないと考えることも決して不自然ではない。と、このように死なないはずだと考えられる時間はどんどん先に延長されてゆき、あと十年、二十年は大丈夫では、となり、挙句の果てには人生百年時代などというスローガンが現実味をおびてくる。過去の実績という根拠があるので、この思い描かれた未来の蓋然《がいぜん》性はかなり高く、それをよすがとすることで、先のことに見通しをもち、予定をたてることができるようになる。

そう考えると、妻が言った安全の意味を次のように理解できるようになる。つまり日常における安全とは単に危険のない状態のことではなく、それは未来予期のことなのだ。

私たちは生き物の本能として未来予期を欲している。蓋然性の高い未来予期がえられているときにはじめて、人はその未来予期を今の時間にフィードバックして、不安なく、心を安んじて日々を暮らせるようになる。真の現実は渾沌としており明日死ぬかもしれない修羅場であるが、ひとたび未来予期をもつことができれば、この阿修羅はびこる無秩序な六道輪廻は、あたかも魔法にかかったかのように、明日もきっと生きているにちがいないという秩序だったコスモスにおきかわる。

未来予期こそわれわれ人類の生きるよすが、すなわち存立基盤である。これが崩壊すると存在すること自体がつらくなってしまう。

ここまでくると、「あなたは今、世界で一番安全な場所にいる」という妻の言葉の意味がだいぶ見えてくる。

5

おそらくこういうことではないか。

コロナ以前の世界の特徴、それは日常的に未来予期がえられる状態にあることだった。明日自分は死なないはずだ、というもっとも単純素朴なレベルにおいては当然のこと、現代社会においては行動の隅々にまで未来予期は入りこみ、それが私たちの判断や行動を規定し、管理している。情報通信技術の発達がこの未来予期＝安全安心という等式の成立を、さらにいっそう加速させた。スマホが登場して以来、私たちはもはや、何かがわからないという状態に耐えがたさを感じるようになっている（ように見える。というのも私はスマホをもっていないから）。不確定なものがあれば、すぐに検索にかけて情報を引き出し、不確定さを少しでも除去しようとする習性が身についた。しかし、こうした未来予期は、何度もいうように渾沌とした現実を見ないようにするための仮象なので、どんなに情報で塗りかためようとも、事物事象がもつ本来の不確定さ、底暗さを完全にとりのぞくことはできない。

ものすごく身近な例をあげれば、目の前に旨そうなラーメン屋があるとする。旨そうだが一見《いちげん》でいきなり入るのは怖いので、情報検索してその店の評判をたしかめる。そうしないと、いきなり店に入って醤油ラーメンを注文するなどという破天荒な荒業は、この高度情報化社会においてはあまりに先行き不透明で、リスクが高すぎ、ほとんど狂気の沙汰とすらいえ、人びとの同意を得られないからである。なので当然のことながら口コミをチェックする。結果、なかなか味は良いらしく、おかげで不確定状況が確定状況にかわった。これで安心安全だ、ということで店に入って醤油ラーメンを注文する。ところが口に入れてみると、これがまたなんとも微妙な味、というかはっきり言って店主をぶち殺したいほどクソまずい、ということが縷々《るる》あるわけである。このように未来予期はあくまで仮象であり、真の現実は渾沌としており、旨いはずの醤油ラーメンがクソまずかったりする。

　しかしどんなに現実世界の本質が先が読めない点にあるとしても、何度まずいラーメンを食わされたとしても、私たちが未来予期を捨て去ることはありえない。なぜなら、私たちは別に正しい未来予期を欲しているわけではなく、未来予期を得られたという安心感が欲しいだけだからである。予期が正確かどうか、それは二の次である。口コミの評判を見たときに感じた、大丈夫そうだ、という感覚こそ未来予期の最大の要点だ。

　さらにいうと、私たちは渾沌とした真の現実を、仮象にすぎない未来予期におきかえて、真の現実を見ないことにする、それで安心する、などという本末転倒なことも平気でやる。

　ラーメンの例をつづけよう。醤油ラーメンはまずかった。悲しい。でもそれが現実で口コミがまちがっていたのだ。しかしそれを認めるのも何だか心穏やかならぬものがある。というのも、もしラーメン屋に行ったのがひとりではなく友人と一緒だったりした場合、「なんだよこのラーメン、クソまずいな。店主殺すか?」と本音を吐露すると雰囲気がまずくなるからである。なので、会食を楽しくする意味でも「う〜ん、まあまあじゃない」などと無難な感想を述べる。そしてしばしば、この感想が建前ではなく事実なのだと、つまりラーメンの味は本当にまあまあなのだと自分を納得させようとさえする。そして本当にまあまあかもしれない、などと思いこめたりもする。そういうことは、よくある。

こうして現実の出来事は、人間には手の届かない、神しか予知できない渾沌《カオス》という真実の地位から、事前の未来予期の確認作業に堕《お》ちてしまう。そして真の現実が未来予期をもとにした仮象と齟齬をきたしたとき、真の現実のほうを仮象のほうに無理矢理適用して理解しようとまでする。

これがコロナ以前の安全の特徴だった。私たちは万事につけ未来予期によって仮の安心安全を得て、そのなかで生きることに慣れきっていた。あらゆる行動は事前の未来予期の確認作業と堕《だ》していた。現実をあるがままの現実として見るのではなく、未来予期をとおしてしか現実を見られなくなったのだ。そしてテクノロジーの発達があまりにも事細かな予期まで可能にしたせいで、わずかにのこされた例外的に予期不能な事々は〈リスク〉と命名され、切り捨てられ、手を出さなくなった。さらにそのことがすべては予期可能との幻想を肥大化させた。

でもそれでよかったのだ。なぜなら安心安全だからである。いや、安心安全であるという錯覚にひたれるからである。そうすることで、死を避けたいという生物学的本能にのっとることができたからである。

ところがコロナはその現代社会の幻想を破壊した。コロナはこれまでの人類の過去の実績が通用しないので、先が読めない。未来予期が通じない。ありとあらゆる情報を網羅すれば、目の前にあらわれるすべての事物事象の不確定性に蓋をすることができるはずだと、私たちはそう思いこんでいたのに、それができない相手があらわれてしまった。さあ困った。しかもこれはラーメン屋とちがって目に見えないウイルスなので、現代人お得意のリスクを避ける逃避術も通じず、ひそかに自分もからめとられてしまう。その結果、人びとは、もしかしたら明日、私は死ぬのかもしれない、という現実に直面した——。

でもよく考えたら、別にコロナがなくても私は明日死ぬかもしれないのではなかったか？

「あなたは今、世界で一番安全な場所にいる」との妻の言葉の意味はこういうことではないか。つまり、コロナにより世の日常と非日常は今や完全に転倒したということだ。

今や私以外のすべての人びとが属する〈コロナ以後の世界〉は未来予期の通じない世界に変質してしまった。

日常とは未来予期により死を見ないようにできる時間の連なりだったのに、その見たくもなかった明日死ぬかもしれないという修羅場、隠蔽していた真の無秩序な現実、これが封印を解かれてむき出しになってしまった。日常の非日常への転換。これが〈コロナ以後〉の本質だ。

そしてこのような非日常は本来、日常空間を飛び出してその外側に広がる渾沌にむかう冒険者がめざすべき世界だったはずだ。そもそも私がこのように北極圏に毎年通うのも、やはり死が隠蔽された日常的な生活への飽き足りなさが根底にあったからだ。

ところが、私が飛び出したはずのその日常的空間が、今やコロナで非日常に転換し、明日をも読めない、妻がいうところの〈こんな状態〉になってしまっている。その一方で非日常をめざしたはずの私が何をやっているのかといえば、従来の予定どおり犬橇の旅に出発しているのである。予定どおりにやっているということは、以前の未来予期にしたがって生きているということであり、じつは私の探検は、自分があれほど飛び出したいと願っていた日常の延長線上にすぎないのである。コロナが私にその事実を突きつけたのだ。

「あなたは世界で一番安全な場所にいる」とはこのような意味である。

私は今、ひとりで北極を旅している。でも、それは先のことが読める〈コロナ以前〉の世界をそのまま生きている、ということでもあった。

*

その後、私はエルズミア島にはわたれなかったものの、グリーンランド内で許された北限まで行き、五十四日間にわたる漂泊行をおえてシオラパルクにもどった。帰村すると、グリーンランド国内で発生した十数人の患者も完全に治癒しており、少なくともシオラパルクの雰囲気は感染者ゼロの〈コロナ以前〉の世界に完全に復元していた。

日本に帰国したのは六月に入ってからだったが、村を出発するときは幾人もの村人から、「村にのこれ、日本にもどったら死ぬぞ」と警告された。それが冗談かどうかはわからなかったが、コロナ圏外の地にいる者にとって世界を渾沌に陥れたこの病原体には、やはり不気味なものがあったようだ。

私は帰国した。しかし日本にもどりはしたが、一番世界が激変した三月から五月にかけてのことをまったく知らない状態のままもどったので、その意味で私は完全に浦島太郎状態で帰国したのだった。それから時間が経過して、浦島だった私も徐々に〈コロナ以後〉の世界にも慣れてきて、コロナで感染するリスクが日常的なものとしてある環境で暮らすようになった。そうなった後に感じたのは、この先が読めない状況にも何か積極的な意味があるのではないか、ということだった。というのも、この先の見えない状態は、要するにこれまでの〈コロナ以前〉の世界で封印されていた渾沌とした真の現実が噴き出した、ということであり、真の現実のなかに生きることは決して悪いことではない、とも思えるからである。

今、私が北極でつづけている漂泊探検の裏のテーマこそ、じつは、この真の現実にいかに入りこむか、というものだ。

真の現実とは要するに〈今、目の前でおきている出来事〉であり、これにいかに没入するか、ということである。ラーメン屋の例でも書いたとおり、未来予期があたり前になると、その未来予期を通してしか現実を見ることができなくなり、結果、現実のほうを未来予期にあわせて、未来予期優先で生がいとなまれ、ダイナミックな生きた現実と自分の生が連動しなくなる。そして実存が陥没し、俺は何のために生きているんだろう、との虚無に陥り、生活がつまらなくなる。

長年探検活動をした結果として、私は、未来予期による仮象ではなく、今、目の前におきている現実に生きる瞬間にこそ、人間の生が動き出す始原があるはずだ、と考えるようになった。だからなんとかその瞬間に入りこみたい、と毎年、試行錯誤をくりかえしている。

そしてそれをもっともクリアなかたちで手にいれるために私が到達した行動原理が〈漂泊〉であり、そして漂泊のための具体的手段のひとつが〈狩猟〉なのだった。

近代登山だろうと極地探検だろうと、冒険という言葉でくくられる行為はすべてかつての狩猟民時代の生活の追体験だというのが、私の持論だ。とにかく私は今、グリーンランド北部の氷原を毎年、犬橇で旅をしながら、狩猟民の世界観を自分のものにできないかと模索している。その私に決定的な影響をあたえたのがシオラパルクの人びとの生き方であり、その象徴ともいえるのがナルホイヤという言葉なのだった。

死が傍らにある村

1

世界最北の村シオラパルクをはじめて訪れたのは二〇一四年一月下旬のことである。

北極探検を開始したのはその三年前、すでに極北カナダに二度ばかり足をはこび、わりと長めの徒歩旅行を実践していたこともあり、その意味で私の体内には北極免疫が獲得されていた。だがその私からみても、グリーンランドの北部のイヌイット社会は、カナダのそれとはまったく別の、どこか異様ともいえるインパクトがあった。

何が強烈だったか、というと、まず暗いことである。暗いというのは村の雰囲気ではなく、太陽が昇らず一日中夜なので、純粋に、物理的な明暗の問題として暗いという意味である。

極地では冬になると太陽が地平線のうえに姿を見せない極夜《きょくや》という現象がつづく（逆に夏は太陽が沈まない白夜となる）。といっても極夜となるのはカナダも同じだ。そもそも私のこのときの探検のテーマが極夜を探検するというもので、シオラパルクに活動のベースをうつしたのも極夜が目的だったので暗いことは知っていた、というか望むところであった。しかしそれにもかかわらず、いや〜暗いなぁと思い、こんな暗いところはなんか嫌だなぁ、とちょっと憂鬱になるほど、冬のシオラパルクは陽光の影響がとどかない地なのである。

世界最北であるシオラパルクは世界で一番暗い村である。前年に私は極北カナダのケンブリッジベイ（北緯六十九度）で極夜体験を済ませていたが、シオラパルクはケンブリッジベイよりも緯度にして八度ほど北にあり、それだけで暗さの度合いが全然ちがう。というのも、北に行けば行くほど極夜の期間は長くなり、かつ太陽がより深く地平線の下に沈むため、陽の光も届きにくくなるからだ。

お昼過ぎだったか、隣のカナックの飛行場から出発するヘリに乗る。深海のような極夜の色相の下でうすく自家発電したかのようにほんのりと白く色づく雪の半島を越えると、オレンジ色の村の明かりが見えてきた。濃紺色に統一された全体的な色調のなかで、三十棟ばかりの小さな家々が肩を寄せあって集まっている光景は、ひどく物寂し気だった。ヘリが、村の高台にある地面をならしただけの着陸場に下りると、私以外の幾人かの乗客を迎えるため村人が集まってきた。全員が額にヘッドランプをつけている。暗いのでそれはあたり前なのだが、でもやっぱり、昼間にヘッドランプを皆がつけている光景はいささか奇異であった。

自然環境として暗いと、やはりそれは村の雰囲気にも影をおとすわけで、村をおおう気分は陰鬱で、あくまで印象譚だが、人びとは肩を落として歩き、その歩行速度は異様にゆっくりとしており、生気というものがあまり感じられないのだった。

その何とも暗く、物憂げな環境のなかに犬がいる。しかも無数にいる。

ヘリコプターで村に近づいたとき、機体の下の海氷のうえを、一台の犬橇《いぬぞり》が沖にむかって走ってゆくのが見えた。村を上空からみた私の目に焼きついたのは、世界の端っこでかろうじて孤絶する村の様子よりも、むしろ、この犬橇が雪のうえに描いた一本の明確な軌跡だった。それは今という時代に古《いにしえ》の人間の暮らしが不意に顔をのぞかせたかのような、じつに感傷を呼びさます風景だった。

グリーンランドのほかの地域についてはよく知らないが、シオラパルクをふくむ北グリーンランド一帯では、今でもまだ犬橇が生活の足としてつかわれている。ここで北グリーンランド一帯というのはシオラパルク、カナック、ケケッタの三つの集落と、南に離れたサビシビックという村をくわえた、二百キロ四方にかぎられたごく狭い地域のことである。

グリーンランドは歴史的に欧州との関係が深かったが、しかしそれは南部にかぎった話で、同じグリーンランドといっても北部地域は、氷河、氷床で隔絶していたため、文化的にも外の世界との接触がなかった。この地域のイヌイットが外部の文明世界と接触したのは、一八一八年に北西航路の発見をめざして英国の探検隊が軍艦でやって来たときがはじめてだ。これほど厳寒の地に人間が住んでいることなど予想していなかった隊員は、この出会いに驚愕する。以来、欧米の探検家たちはこの厳寒の地域にすむ極限の民族をポーラーエスキモー（極地エスキモー）と呼びならわし、ほかと区別してきた。このように地域的にも歴史的にも隔絶した土地であるため、それだけに伝統がまだ温存されており、その象徴が犬橇であり狩猟文化なのである。

シオラパルクの人たちがつかう犬橇は狩猟のための移動手段である。樺太アイヌやカナダのイヌイットをふくめ、犬橇は北半球の北方狩猟民のあいだで生活の足としてつかわれてきたが、それが今も生活に根づいてのこっているのは、世界でもグリーンランドやシベリアなど一部の地域だけになってしまった。

カナダの犬橇文化はほぼ消滅した。近年は一部の地域で再興されているとも聞くが、それは文化回復運動としての犬橇であり、彼らが日々の暮らしでつかっているのは、一九七〇年代の植村直己の時代からすでにスノーモービルである。また世界で犬橇がもっとも盛んなのはアラスカだと思うが、アラスカのそれはレースのための犬橇であり、生きるために必要なものではなくスポーツである。

しかしグリーンランドでは、まだそれがれっきとした人びとの足として機能している。シオラパルクの人たちが冬に狩りのために乗るのは犬橇であり、隣町のカナックに行くときに乗るのも犬橇だ（もちろんヘリもつかうが）。

後期旧石器時代、人類が狼を飼いならしてそれが犬に進化し、狩りの相棒として手を携《たずさ》えて生活をともにしはじめた。それから一万年以上の時間がたって、現在のイヌイットの祖先がカナダからグリーンランドに進出してきたときも、犬は相棒として隣にいた。世界の他の地域では完全に消滅した、その人間と犬との関係の始原が、今もまだ現在進行形のものとして、グリーンランドの北部地域では機能している。この地域の犬橇が人の感傷を誘うのは、そのような時間の悠久さが漂っているためだ。

村を少し歩いただけで、私は、家々のまわりや海岸近くの氷のうえにつながれた犬の数に圧倒された。約三十人ほどの小さな村に、人間をはるかに上回る百頭以上の犬が飼われている。飼われているというより、生きていると表現したほうが実態に近いかもしれない。なぜなら村の犬はただ繋がれ、人間に餌をあたえられ、人間に従属しているだけではなく、それぞれが集団、というか群れのようなものを形成し、彼らは彼らなりに社会をつくっているように見えるからだ。

その犬たちが夜になるとしばしば理由不明の遠吠えを発する。どこかの一頭がおおーん、おおーんと裏声を響かせて鳴きはじめる。するとまわりの犬もそれにつられて顔を天空に向けて遠吠えをはじめ、それが村全体に伝播して、極夜の闇をゆるがす、おおーんの大合唱となる。そしてその遠吠えの声はどこか悲しみに満ちている。村の犬は完全に労働犬なので、人間からは対等の存在としてあつかってもらっていない。犬橇で出るとき以外は散歩に連れて行ってもらえるわけでもなく、繋がれっぱなしである。餌も十分な量をあたえられているわけではなく、多くがやせ細り、そしてつねに飢えている。家のなかで人間と同じような暮らしをさせてもらっている恵まれた日本の愛玩犬と比べたら、その境遇には天と地の差があり、もし日本の愛犬家が村を訪れたら、泡を吹いてひっくり返ってしまうだろう。

その犬たちの不条理な運命が、聞く者の感情をゆさぶるのか、その遠吠えはおのれの運命の虚しさを嘆いているようにも聞こえ、はじめて聞いたときは、じつに哀愁をおびて私の耳にひびき、心に染みたのだった。

2

シオラパルクを訪れたときに強く感じたことがもうひとつある。それは死が近いことだ。死というのは人間の死であり、犬の死であり、動物の死である。とにかくこの村では死が隠されておらず、可視化された状態で露骨にその辺にころがっている。だから、ちょっと歩いただけで死の臭いが時空の隙間という隙間、穴という穴から噴出してきて、それに触れることになる。

とりわけこの最初の訪問のときは死の事例、それも人の死とぶつかることが奇怪なほど多かった。最初に死と直面したのは、シオラパルクにむかう手前のカナックの小さな飛行場だった。そのとき私はBさんという別の日本人旅行者と一緒にヘリを待っていたのだが、そこに目を赤く腫らし、めそめそと涙を流した地元の集団が空港にぞろぞろとなだれこんできた。なかには伝統的な太鼓のような楽器をもっている者もいて、悲しみに沈んでさえいなければ、ちょっと賑やかな楽団みたいにも見える。前の冬にシオラパルクに滞在していたBさんは、すでに地元民の知りあいが多く、このとき到着した集団のなかにも彼の知人がいたらしい。とりわけぼろぼろと大粒の涙を流す五十絡みの男が近づき、Bさんは彼の肩に手をまわして何か言葉をかけていた。

Bさんによると、この悲嘆にくれた男はオットー・シミガックというシオラパルクの元村民だという。オットーは、今はカナックに住んでいるのだが、生まれも育ちもシオラパルクの人間で、十代前半で白熊狩りに成功した経験があるほど腕利きの猟師である。そのオットーの若い息子が首つり自殺をしたというのである。

イヌイット社会は昔から自殺者が多いことで知られ、私も本などでそのことは知っていたのだが、やはり聞くと見るのでは大違いで、いきなり自殺の現実を目の当たりにして、ちょっと当惑した。自殺でいえば、このときの旅では帰国直前にも、私が村で一番親しくしているヌカッピアングアという人物の息子が首を吊り、みずから命を絶っている。その後五回の訪問でシオラパルクの人は誰も自殺していないが、隣町のカナックの若者が首を吊ったという話はほとんど毎年のように耳にする。

シオラパルク、カナック、ケケッタという周辺三集落の人口を全部あわせたところで、この地域にはせいぜい六、七百人程度しか人は住んでいない。だが、これほど小さなコミュニティーにもかかわらず若者の自殺は後を絶たない。しかも彼らには鬱傾向がみられるとか、引きこもりだとか、性格が尋常ではなく暗いとか、わかりやすい要因があるわけではなく、いたってどこにでもいる普通の若者が、いきなり死ぬ。外の人間から見るとなぜ自殺するのかよくわからない、といったケースが多いのである。

彼らはしばしば思いついたように死を選ぶ。そんなわけだから、村の若者と会話をかわすときも、ふと、彼（彼女）が近いうちに首をくくることもあるかもしれないんだな、などと不謹慎な想像が頭をよぎることもある。

イヌイットの自殺傾向はあまりに極端なので、いろいろな学者やジャーナリストの分析の対象となってきたが、ほかの先住民社会と同じように、近代化によって伝統的な社会基盤が崩壊し、民族的なアイデンティティー、つまり誇りのようなものがうしなわれた結果だとみなされることが多いようである。

伝統社会のなかでの彼らの暮らしは、春は海豹《アザラシ》をとり、夏になると川にさかのぼる魚をねらい、秋になるとカリブー狩りに出かけ、季節ごとに土地の恵みを利用しながら移住することで成り立っていた。むき出しの自然環境のなかで知恵と創意工夫をめぐらして生きのび、大地とつながり、それが民族的誇りとなっていたが、貨幣経済と消費社会の進展で人びとは都市部に集められ、賃金労働者としての生活を余儀なくされ、結果、実存的に路頭にさまようこととなり、麻薬と飲酒癖がはびこって生活意欲がうしなわれた。二十世紀後半からはじまった若者の自殺率の向上は、こうした伝統社会の崩壊の過程と軌を一にするというわけである。

それはそれで事実の一面をついているのだろうが、一方で、〈イヌイットは比較的自殺率が高い民族として知られていた〉(岸上伸啓『イヌイット』中公新書)という指摘もあり、もともと自殺傾向が顕著な民族だったともされる。

本多勝一の『カナダ=エスキモー』には本格的な近代化以前にあたる一九五九、六〇年にカナダの博物館員が実施した研究報告が紹介されているが、それによれば、とあるイヌイットの伝統社会で過去五十年間に発生した自殺件数は三十二件、そのうち自殺に成功したのが二十三件。これは人口十万人あたりの年間自殺率に換算すると五百七十五人になり、デンマークやスイスや日本が二十人前後

（一九五八年から六十一年のデータ）なのを考えると、〈とてもお話にならない〉ほどの高率となる。死んだ動機をみると、これがまたわれわれの理解をよせつけないものがあり、多い順から①近親者の死が悲しくて自殺した、②病気などわが身の不幸がつらくて自殺した、③配偶者が不満で自殺した、④年を取りすぎて自殺した、となっている。配偶者が不満で自殺するとはいったいどういう心境なのか想像もつかないのだが、とにかくこんなことで自殺となるなら、日本人も五人に一人は首をくくらなければならない計算となるだろう。

シオラパルクでは自殺以外にも死に触れる瞬間がたびたびあった。

登山・探検業界の人にはよく知られたことだが、シオラパルクには大島育雄さんという村で四十年以上も暮らし、事実上イヌイット猟師になった伝説的な日本人がいる。この村は不思議と日本人と縁のある村で、その関係は一九七二年に冒険家の植村直己が犬橇技術を習得する目的で住みこんだことにはじまる。

ちょうど植村直己が滞在しているあいだに村にやってきて、ともに犬橇を訓練したのが大島さんであった。伝統的に極地探検に強い日本大学山岳部の若手OBだった大島さんがそもそもこの村にやって来たのは、お隣、カナダ・エルズミア島の最高峰登山の偵察のためだった。だが、村で生活するうちに登山よりも狩猟や犬橇といった伝統文化のほうに興味が移っていったようで、二度目の来訪でそのまま住みつき、地元女性と結婚し、子供が生まれ、家を建て、大勢の子供や孫を統《す》べるオオシマファミリーの長老となり、グリーンランドでは知らぬ者のいない有名人となった。このように大島さんは、まあなんというか、そのへんにころがる偽物とはちがう真のレジェンドであるので、あたり前の話として、私は村に到着してまず、同じ日本からやって来た新参者として挨拶に出向いた。

そのときに色々と世間話をしたのだが、話題のひとつにシシリアという女性が死んだという話があった。ついさっきオットーの息子が自殺した話を聞いたばかりだっただけに、私は、また死者の話かとやや暗然とした気持ちになった。

このシシリアという女性の死であるが、じつはそのとき亡くなったのは彼女ひとりではなく、彼女の親族数人もふくめて複数の村人が同時に亡くなったのだという。死因は食中毒だったそうだ。イヌイットの食文化では、イファンヌといって海豹などの肉を発酵させて、誕生日や宗教上の祝いの日に人びとが集まったときに供される習慣があり、このときも父親の葬式の後に親族が集まり、皆で冷蔵庫のなかにあった鴨の発酵肉を食べたらしい。ところが、滅多におこることではないのだが、この鴨肉には発酵の過程で黄色ブドウ球菌かボツリヌス菌か、何か悪性の細菌が混入していたようで、毒性化しており、食べた人たちが次々と強烈な食中毒の症状にみまわれたというのである。

人口四十人前後の僻地の村に病院などあるわけがない。いつもならこうした緊急時にはヘリがやってきてカナックの病院に搬送されることになっているのだが、不運なことにこのとき別の村で発砲騒ぎがあって警察を呼ぶためヘリが出払っており、治療を待つ間に次々と亡くなってしまったのだという。

シシリアの死をきっかけに、今度は彼女の夫が部分的な豹変をきたした。夫はケットゥッドゥといって、これも優秀な猟師なのだが、妻の死に何を感じたのか、彼は二十頭ほどいた犬をすべてライフルで射殺したというのだ。

人の死、犬の死と、訪問したその日に次々とそこかしこから噴出するさまざまな死。だが、その数多ある死のなかで私が一番衝撃を受けた話が、じつはこの、どのように解釈してよいのかわからないケットゥッドゥの奇妙な行動だったように思う。

人が食中毒で死ぬ。これはありうることである。自殺も、多い少ないの問題はあるが、そういう事例が世の中にあるという意味では理解できる。しかし、二十頭からの持ち犬を全頭殺すとは、これはいったいどういうことなのか？

イヌイットが自分の飼い犬を処分するのは珍しくなく、かなり頻繁におこなわれることではある。犬といっても日本のように愛玩のために飼われているわけではなく、あくまで橇引きや狩りのための労働犬であり、弱い犬や性格に難があって集団の規律を乱すような犬は飼い主に見限られて処分されてしまう。また年齢が七歳、八歳になり、体力が衰えた犬も処分される傾向があり、そのかわりに家の雌犬が生んだ新しい若い犬を犬橇チームにくわえ、新陳代謝をはかる。犬といっても体重三十キロ以上にもなる大型犬は食べる量も人間なみで、冬から春の犬橇シーズンには一日一キロ以上もの肉をぺろりとたいらげる。その餌も村人が狩りで仕留めた海豹《アザラシ》や海象《セイウチ》だ。だから、経済的な観点から見ても、まともに働かない犬を飼っておく余裕など村人にはない。はっきり言えば、生業としての犬橇は殺しが前提となることではじめて可能となっており、その意味では動物愛護的価値観とは対極にある非情ないとなみだ。そして保健所などはないので犬を処分するときは当然村人が自分の手で殺すわけで、その意味で飼い主が自分の犬を殺すのは、この村ではとくに珍しいことではない。

だが、そうだとしても、一度に飼い犬をすべて殺すというのはほとんど聞いたことがない。この村で六シーズン連続で活動した現在の私から見ても、ケットゥッドゥのこのふるまいは、善悪は別として、何か異様な迫力というか、不気味な決意のようなものを感じさせる。

これは後から考えたことだが、ケットゥッドゥのこの行為はある種の自死にちかいものがあったのではないだろうか。

たった今、私は、イヌイットの犬のあつかい方を〈非情〉だと書いたが、この非情という言葉はあくまで文明側の、私の思考にもしみついているある種の動物愛護的価値観にもとづいて発せられた無責任な言葉である。無責任というのは、当のイヌイットたちはおそらく犬を自らの手で殺処分することを非情だとはとらえていないからだ。そんな残酷なことをしてはいけないと、もし私が彼らにひと言でも言おうものなら、彼らは自分たちの歴史と文化を侮辱されたと感じ、憤るだろう。極寒の地で生きることを最優先に築かれてきた彼らのモラルは、われわれ文明側のモラルとは別の価値観で成立している。そのモラルを私はまだ明確に言葉におきかえることができないし、誰かの口からはっきりと、そういうものとして聞かされたこともないのだが、しかし間近で観察してきた経験から、おそらくこういうことはいえるのではないか、と考えている。

どんなに文明側の常識では非情にみえるあつかいをするとはいえ、イヌイットがこの極寒、暗黒という極限環境で生き残り、文化を伝えることができたのは、犬橇と狩猟という手段をもっていたからだ。そして彼らはその自らの歴史と伝統にひとかたならぬ誇りと愛着を抱いている。犬がいることで彼らは生き抜くことができたのであり、犬は彼らの実存の大きな部分を占めている。そういう意味で、まちがいなく彼らは犬と共存してきた。実際、彼らが何のために狩猟をしているかというと、その大部分は犬を養うためである。犬を生かすために彼らが費やしている労力と時間は並々ならぬものがあり、彼らは犬を生かすために狩りをしているのではないか、とも思え、見方によっては犬が人間を使役しているのではないかとさえ感じる。彼らは何千年、あるいは一万年以上にわたって犬を飼い慣らしてきたが、同時にそれは彼らが犬に飼い慣らされてきた時間でもあった。彼らの狩りのやり方や生活のリズムは犬がいることを前提に成立している。

その犬を、一度に、すべて、ケットゥッドゥは殺した。彼の狩猟者としての生き方を、生の中核をつくりあげてきた犬たちを殺した。ということは、彼はその行為によって自らの生の履歴を、生きてきた足跡を抹消したにひとしいのではないか。つまり犬を殺すことで彼は生きる存在としての自分も殺したのではないか。つまり事実上の自死ではないのか？

じつはこの最初の滞在では、私はBさんとともにケットゥッドゥの持ち家を借りて暮らしていた。だから、彼は毎日のように私たちのところにやってきてコーヒーを飲んだり、人懐っこい笑顔で軽口をたたきながら熟練したロープ捌きを見せてくれたりした。でもその一方で、村のはずれにあるゴミ捨て場に行くと、彼が殺処分した大量の犬の死骸がころがっている。極夜の闇のなかで、夏の間にカラスや狐に腹が食い破られた状態で半分雪に埋まって凍結している犬の死骸は、もちろん犬の死骸なのであるが、見方によってはケットゥッドゥの亡骸であるようにも見えた。

3

だが、村の生活でもっとも触れる機会の多い死は、人や犬のそれより、なんといっても狩られた獲物動物の死である。狩猟民であるイヌイット社会では、それこそ年がら年中、海豹や海象や一角や鯨や白熊や狐が狩られ、解体されており、死とともに日常がいとなまれている。文明社会で隠蔽される食にまつわる死が、ここでは露骨にむき出しだ。

冬であれば、村人は周辺の海にカッシュチとよばれる海豹用の罠をしかけている。冬になり海に氷が張ると、沿岸の浅瀬の大岩のあるところでは、潮が引いて海面が沈降したときに氷がその岩にあたって隆起する。岩にあたってもりあがった氷を地元の言葉でイッカッドというが、イッカッドの下には空気がたまっており海豹が呼吸のために立ち寄るので、その近くに網をしかける。網をしかけたら定期的に犬橇で巡検し、獲物がかかっていたら引き上げ、そのままはこんで家のなかで解体するか、ときにその場で肉塊に切り分け橇にのせる。解体された肉塊というのは、端的に切り刻まれた動物の死体である。

秋から初冬にかけては、本格的な冬の到来にむけて肉をためこむ季節となり、ボートで沖に出かけて海象狩りに精を出す。景色が闇に沈むなか、村にボートがもどってくると、家族は皆で出迎え、喜びで顔を崩して男たちが解体する様子を見守る。巨大な海象の象皮のように厚い皮膚が刃物で切りひらかれ、まもなく海面は血で真っ赤に染まる。交錯するヘッドライトの光に、もうもうと口からあがる白い吐息が妖しげに照らされるなか、海象の身体は男たちの慣れた手つきにより次々と五十センチほどの肉塊に刻まれ、浜辺に並べられてゆく。

春の繁殖期になると海象の胎児の死体がごろんと浜辺にころがる光景もめずらしくない。胎児といっても全長一メートル、体重は七十キロになろうかという大物である。このような巨大な赤ちゃんが浜辺で骸《むくろ》をさらしているのがなぜかといえば、それは、海象の成獣は一トンにもなる大物なので、仕留めた猟師も母獣の解体ですっかり疲れてしまって、胎児は肉も少ないし、とりあえずいいや、と放棄されてしまうからである。すべすべした皮膚感の海獣の赤ん坊が目を優しげにつむり、おもむろに砂の上にころがるさまは、この村ではとくに違和感をもよおすものではない。日本の海辺にこんなものがあれば日常の予定調和をぶち破る風景として絶句するだろうが、生活の傍らに動物の死が満ち満ちているこの村ではとくにひっかかりを感じることもない。どちらかといえばナチュラルというか、あやうく風物詩との言葉が口をついて出そうになる。

夏には一角などの鯨類が村のフィヨルドに紛れこんでくることがあり、そうなると村の猟師がボートで総出となり、ライフルをパンパン打ち鳴らしての大捕り物が展開される。猟師たちがボートで一角を追いかけまわす様子を、女子供は鉄砲の弾があたらないように、村の少し高いところに陣取ってながめ、男たちの名前を呼んで応援する。一角の無残な死と、隣でわきたつスポーツ観戦のような、きゃあきゃあという女たちの黄色い声のミスマッチに、私はこの光景をはじめて見たとき、奇異なものを感じた。首尾よく鯨をしとめた猟師は、獲物が海中に没しないように銛で浮きを突き刺し、ロープを結わえてボートで村の浜まではこび、そこで解体する。鯨類の場合はまず皮を四十センチ四方に切り取り、その場に集まった人びとに新鮮なマッタ（鯨の皮）が供される。人びとは固い皮にナイフで器用に切り目を入れて、生のままむしゃむしゃ食べて狩りの成功の喜びをわかちあい、ときに一角の角を片手に笑顔で記念撮影となることもある。そしてこれらが終わると、あとは海象同様、猟師たちは肉屋みたいに両手にもった包丁をチャキンチャキンと研ぎながら、浜辺で手を血に染めて、ひたすら解体作業をつづける、というわけである。

村では日常的に、つい先ほどまで生きていた大型哺乳動物が殺され、解体され、肉の塊と化し、人びとの食料に変わってゆく。肉塊をそのへんに放置しておくと日光にあたって腐敗したり、カラスやカモメや、首輪が外れてあたりをうろつきまわる犬どもに食い荒らされたりするので、村人は各々が所持している櫓《やぐら》や木製の巨大な貯蔵庫にえっさほいさとはこび、ひとまずそこに保管する。そして必要なときに肉塊のまま家のなかにはこび、天井にある専用のフックにつるし、必要な大きさに切り分け、その日の夕食にしたり犬の餌にしたりする。

狩猟民であるイヌイットの集落は日常的に動物の死に取りかこまれた環境にある。しかし、人びとの生活をとりまくこうした死は、単なる死としてそこにあるのではなく、それは人びとの生に、文字どおり目に見えるかたちで、村人の命につながっている。衆人環視のもとで殺された動物たちは、その場で肉塊にされ、何の加工も加えないまま家のなかにはこばれて、調理といってもせいぜいが塩茹でにするぐらいで、ときには生のまま人びとの口にはこばれる。

これは殺した動物をその場で食べてしまう、という状態にかなり近いと思う。その動物の肉を食すことで自分たちの生存が可能となることが、その動物の死が自分の生に転換するプロセスが、ほとんど可視化されている。つまり動物の死とおのれの生が、ここでは露骨に地つづきだ。

いや、動物の死、といってしまうと、それは死んだ動物を人間とは別のものとして彼岸に追いやってしまう作用を生みだすことになり、正確さに欠ける。というのも、これら動物の死は、私の観察だと、人間の死にかなり近いようにも思えるからである。

狩られた海豹や海象や麝香牛《ジャコウウシ》や鯨や馴鹿《トナカイ》の死体をみて私がいつも思うのは、これらの動物はほとんど人間と変わらない存在だ、ということである。

たとえば村人が狩猟した海象が浜辺にはこばれてきて解体されるシーンをみるとき、私は自然とその海象の顔を見つめている。顔には目がついており、人間にしろ動物にしろ、生きているときの目には表情がある。他人や動物をみるときにわれわれの視線が真っ先にむかうのは、相手の目であり、それは死んだ動物にたいしても同じだ。狩られた動物を見るときもやはりおのずと視線は目にむかうのだが、その死んだ動物の目は魂が抜けており、そこにはただ虚無がうかぶだけだ。抜け殻となった目を見るとき、私は、こんな大きな動物が死んでしまったこと、さっきまで生きていたのに死んでしまったことに、なにかとても残酷なもの、不条理なものを感じる。

この残酷だという感情は、ある種の負い目である。その負い目とは、生きるためとはいえ、人間がこのような大きな動物を殺すことは赦《ゆる》されるのか、赦されるのならそれはなぜなのか、という生にまつわる負い目だ。そしてこの負い目は獲物動物と自分たち人間とを同等のものとみなす視点から発している。このことについては後の章で詳細に考察するが、狩猟民が動物を狩り、解体するとき、狩猟民の内面には、どこかでその動物と自分たち人間を同一の存在だ、とみなす視点が内在しているのではないだろうか。

自分の手で動物を殺すとき、あるいは動物が殺されているシーンを見たうえでその肉を食べて生活するとき、感覚的にその動物は自分たちに近しい存在に感じられる。村中にあふれる動物の死は、人間の死か、人間の類縁の死である。生きていたものを殺し、それを食して自らが生きる。それが日常の風景のなかに溶けこむとき、生と死の境界は非常に曖昧になり、彼岸と此岸は往来可能なものになる。イヌイット社会の若者が、たいして明確な理由もなく、ときにふと、思い立ったようにこの境界線を越えてしまうのは、こうした、生死がないまぜとなった狩猟民独特の死生観が背景にあるように思える。

4

こうした死生観は、われわれ現代社会に生きる人間の死生観とくらべると、きわめて対極的だ。

現代社会で暮らす住人が死をどのようなものとしてとらえているかといえば、それは隠蔽すべき対象としてである。われわれの社会は死に関連する一切合切を不浄なものとしてタブー化し、見えないところに追いやってしまい、それと直面しないことで意識しないですむ社会をつくりあげてきた。それが安心安全というキーワードに象徴されるわれわれの日常である。死を見ない時間意識、すなわち未来予期による仮象と同じように、死を避けようとする本能が、死の臭いが噴出する穴や隙間に蓋をして、封印しようとする。

シオラパルクの食との類比でいえば、われわれが日常的に食している肉に死が想起されるかといえば、想起されないようになっている。スーパーにならぶビニールパックされた肉類は、死につらなる不浄な要素が排除された、あくまで清潔で安全な商品だ。

しかし死が排除されているということは、食肉となる前に生きていた痕跡も除去されているということでもある。生が除去されるとはどういうことかというと、死をとおして生を語ることができない、ということである。

家ですき焼きを食べる。その牛肉はつい数日前まで生きた牛だったのに、現実問題としてわれわれがすき焼きを食べるときに、嗚呼この牛肉も一週間前は牛として元気に鳴き声をあげていたんだなぁと、その生を想起するかといえば、しないわけである。牛が生きていたこと、そしてわれわれが食すためにひそかに専門の屠場《とじょう》で殺されたこと、われわれはそれらを知識としてはもっているが、食べるときにそれを感じることは決してない。生を想起しない、というより、できない仕組みになっている。なぜならばビニールパックされた肉は死の除去された清潔な商品なので、これを見て生身の牛の姿などとても想像できないからである。

文明社会では死を不浄なものとみなして隠蔽し、それを感じることがないようにし、死を感じることがない状態が心地よい状態であり福祉にかなったことである、とのある種の倒錯した価値観をつくりあげた。狩猟民が海豹や海象を自らの手で殺してその肉を食べて生きている現実を見たときに、残酷だ、という感想をもつのは、そのためである。しかし残酷だというこの感覚がモラルとして起動するとき、その残酷だという価値判断はわれわれ自身にむかって突き刺さってくることになるだろう。

本論とはちょっと脱線するが、それを説明するとこういうことになる。

生き物を食べるということは、とりもなおさず、その生き物を誰かが殺すということである。生きるために殺すわけだから、食べる側、つまりわれわれ人間の生には殺しという原罪がつきまとっており、それはイヌイットの狩猟民社会でも、われわれの社会でもおなじだ。ちがうのは誰がその殺しを引きうけるかである。

イヌイット社会では食の当事者である自分が殺しの作業も引きうけるが、われわれの社会では、屠場など自分以外の他者にいわば外部委託する。その結果、どのような認識の相違が生じるのかといえば、イヌイット社会では生きた動物を殺して食べるわけだから、彼らの生きた姿を想像し、かつその死をとおして動物たちの生を理解する、ということになる。つまり動物の死のなかに、その生を見ることができる。今は死んでしまったけど、ついこの前まで生きていたその動物の肉を食すことで、自分の生は可能となっており、死が輪廻して生に転換するプロセスの中心に自分がいる。その意味で死と生とが分断されておらず、ひと続きになっている。

ところがスーパーでパックされた商品化された肉を買うわれわれは、その動物の生きた姿を想像することができない。たしかに殺しの作業をしていないわけだから自分で手を汚してはいないかもしれないが、肉を食べるということは、結果的には自分の食のためにどこかでその動物が殺されているわけだから、自分が殺したも同然である。にもかかわらず、われわれは自分のために殺されたその動物の生を、生きていたときのその姿を、思いおこすことができない。殺しを経験していないので全然わからないのである。要するにわれわれの食とは動物の命を無視し、存在を抹消して、ただ栄養分として、美味しいものとしてだけ摂取しているにすぎず、生と死が完全に断絶している。これは見方によっては食される動物にたいしてひどく無礼な態度だ。

この認識にたったうえでさきほどの〈残酷だ〉という価値観を導入すると、イヌイットとわれわれのどちらが残酷かといえば、それは動物の生に思いを巡らすことすらできないわれわれのほうだ、ということになる。死だけを栄養としてとりこみ、動物が生きていた事実を思いおこすことができないわれわれの社会は、そういう意味で酷薄で、欺瞞にみちている。

シオラパルクの村人の生活を見ていて感じることは、生と死は本来、同一線上にあるもので、生を見つめるには、まずは死を心のどこかで、つねに受け入れていなければならないということである。

村のなかでは、生活のふとした一コマに死がおもむろに表出して、ドキリとすることがある。たとえば、ある子供が海豹の母親の腹のなかからでてきた十五センチぐらいの胎児の死体を、家のなかでおもちゃがわりにして遊んでいるのを見たときなどが、そうだ。われわれの感覚だと、動物の胎児をおもちゃにしてふざけるというのは、ちょっと不謹慎な感じがして、親であれば咎《とが》めるだろう。しかしその子供の両親は別に叱《しか》るでもなく、やめさせるでもなく、ただニコニコと笑っているだけだ。

こういう何気ない一瞬に、私は死生観の根本的なちがいを感じる。シオラパルクでは死は生から分断されておらず、隠蔽されておらず、生との境界線を曖昧にのこしたまま、ただ、そこにある。だから死はタブーではないし、不浄のものでもなく、また同時に、とくに厳粛にあつかうものでもない、という態度がうまれる。海豹の胎児をおもちゃにする子供を叱らないのは、いい意味で死に大きな意味を認めていないことのあらわれであり、その裏には、死とは単に生がなだらかにつづいたその先にあるもので、とりたてて論及するものではないという死生観があるのではないだろうか。

ナルホイヤの思想

1

われわれとはちがうイヌイット社会の生の様式。それが見られるのは、何も彼らの死生観だけではなく、狩猟民独特の時間意識にもあらわれる。

彼らの時間意識がどのようなものかは、会話をかわすようになるとすぐにわかる。なぜなら彼らはことあるごとに〈ナルホイヤ〉という言葉を連発するからだ。

今日の予定を聞いても「ナルホイヤ」、明日の天気を聞いても「ナルホイヤ」、お父さんは今どこにいるのと訊《き》いても「ナルホイヤ」と、会話のさまざまな局面でナルホイヤが登場してそのたびにいきづまる。

ナルホイヤとは〈わからない〉という意味の言葉である。ナルホイヤをつかう頻度は個人差が大きくて、私の観察によれば、全体的に若者より年長者のほうがつかう傾向にあるようだ。村のなかでも一番連発するのが、例の犬を全部殺してしまったケットゥッドゥで、予定や天気ばかりではなく、息子は元気かと訊いても「ナルホイヤ」、犬橇《いぬぞり》はもうやらないのかと訊いても「ナルホイヤ」、昨日何を食べたのかと訊いても「ナルホイヤ」、何を訊いても返事の八割はナルホイヤでまったく会話にならない。イヌイット社会には〈プラット〉といって他所の家を訪問して、コーヒーを飲み、会話をして時間をつぶす習慣がある。ケットゥッドゥなんかは村のなかでもしょっちゅうプラットをするほうで、私の家にもたびたび訪れるのだが、来てくれたところでナルホイヤ連発なものだから話にならず、十分ぐらいでいつも気まずい沈黙がおとずれる。いったいこいつは会話をする気もないのになんで俺の家に来るんだろう、と不思議になるほど、彼との会話はナルホイヤで途絶えてしまう。

「わからない」とか「知らない」という返事を連発されたら、私のように異国の文化圏からやってきた旅行者は当惑する。日本でこんな受け答えをしていたら人間関係はほとんど成立しないだろう。道端で近所の知り合いとばったり出会って「いやー今日もいい天気ですねぇ。午後も晴れるんでしょうか」と声をかけ、相手から「わかりません」と一言いわれたら、あまりに素っ気なく、問答無用感がすごくて次の会話の糸口がつかめない。友人にいわせると、私はかなり無愛想な人間らしいが、それでも一応、「なんか天気予報だと午後から曇って夕方は雨かもしれないって言ってましたね」ぐらいの返事はすると思う、たぶん。しかし、イヌイットはそうではない。彼らの返答スタイルとして、ここはナルホイヤでなければならないのである。

多くの会話の糸口になっているように、天気は世界各国、どこの誰にとっても普遍的な関心事である。イヌイットの場合も、というか日々の生業が自然条件に大きく制約される彼ら狩猟民はことさら、われわれ現代日本人などよりはよほど天気にたいして高い関心をもち、つねにその動向に注意をはらっている。その証拠に、スマホでウィンディー・ドット・コムという風向風力をしめした天気予報サイトをチェックしたり、定時にかならずラジオをつけて天気予報を聞いたり、双眼鏡で外をながめて雲の動きや海氷の状況をつねに見定めている。その様子を見るかぎり、彼らが相当高い蓋然《がいぜん》性をもって今日の午後の天気、あるいは明日の天気を予測していることはうかがい知れる。だからスマホもなく、ネット回線を家に引いてもおらず、双眼鏡もコンパクトなものしか用意していない私は、誰かが家にプラットにやってくると、明日の天気はどうだろうかと訊ねるのだが、その答えは決まってナルホイヤなのである。

こんな調子なので何を訊《たず》ねたところで答えが「ナルホイヤ」なのは、こちらとしても百も承知である。私が知りたいのは、お前が知っているかどうかではなく、明日の天気がどうなのか、だ。だから最近では私も「ラジオで何と言っていたのか」とか「ウィンディではどんな予報になっているのか」と質問の仕方をかえるようになった。それでも一部の頑固者は「ラジオでは風がつよいと言っていたが、ラジオが正しいことをいうわけではない。だから明日の天気はナルホイヤだ」などと言ったりする。ここまでくると、この人たちは明日のことを答えることをよくないことだと考えているにちがいない、と判断せざるをえない。

もちろん明日の天気をきちんと答えてくれる場合もあるが、そのときもかならず、余計ではないか、とも思えるひと言をそえる。そのひと言とは〈アンマカ〉で、「明日は天気が悪い、アンマカ」などという。

アンマカとは〈たぶん〉という意味だ。アンマカはナルホイヤよりマイルドなぶん、さらに使用頻度は高くなり、天気や予定はいうまでもなく、ほぼすべての会話文に付加されるといって過言ではない。

たとえば今ぱっと思いつくケースだと、オットーがカヤックをつくっているときに言った一言だ。オットーというのは二〇一四年に私がグリーンランドにはじめてきたとき、カナックの空港で息子が自殺して涙をぼろぼろ流していた、あの腕利きの猟師である。

オットーは現在、カナックに住んでいるものの、シオラパルクの家もまだ保持しており、たまにもどってきてはしばらく滞在したりする。要するに昔住んでいた家を別荘みたいにつかっているわけで、こういう人はほかにも何人かいる。二〇二〇年五月末、私が犬橇の旅からもどりしばらくすると、オットーは息子のクータと一緒にカナックから来村し、別れた元妻のパーリと三人で暮らしていた。彼の家は、私の借家から店に行くまでの途中にあるので、日々の買い物に出かける際はいつも、クータと一緒にカヤックを補修する彼と出会った。

オットーは私の顔を見ると陽気に声をかけてきた。

「おー！　シオラパルクの村民たるカクハタよ、元気か？」

「元気だよ。今日もカヤックを直しているんだね」

「ああ、そうなんだ。今日も修理さ、アンマカ」

私がひっかかったのは、この文末のアンマカだ。ここで彼がなぜアンマカをつけたのか、さっぱり意味がわからない。オットーは実際に目の前で修理をしているわけだから、アンマカもへったくれもなくて、アンマカでないことは私にも彼にもわかっているのである。それでも彼らはアンマカをつける。

ここまでくるとアンマカなどは、もう、多用しすぎたせいで言葉の意味などほとんど消失してしまっており、事実上、彼らの民族的な口癖になっているのではないか、との印象さえうける。

　アンマカの行き過ぎた多用が外国人には奇異にかんじることを彼ら自身もよく理解しているようで、たとえば道ですれちがった人に「どこに行くの?」と訊ねたときに、彼らは「店に行くんだよ、アンマカ」と、アンマカだけゆっくり強調して発音してニヤッと笑ったりもする。アンマカを自虐的に揶揄してユーモアにしているのだ。

2

　それにしても彼らはなぜ、これほどまでにナルホイヤとかアンマカといった言いまわしを連発するのか。

　じつは本書で問いたいことのひとつはこの点だ。なぜかというと、彼らのこの表現の裏には、われわれの日常生活からは失われてしまった、あるいは避けるべきものとされてしまった、世界というものにたいする独特な態度がひそんでいると思えるからである。

　ナルホイヤとかアンマカといった言葉にみられる彼らの生活態度、これがどういうものかというと、要するにナルホイヤとは〈わからない〉、アンマカというのは〈たぶん〉という意味であるから、どちらにしても物事を明確に断言しないことを良しとする態度だといえる。

物事を合理的かつ計画的に遂行することをあたり前にとらえる近代的価値観が骨の髄まで沁《し》みこんだ私のような人間が、こうしたナルホイヤ的世界観に触れると、やはり最初は、いや〜いい加減な連中だなぁ、とのネガティブな印象をうける。そしてこれは私だけの印象ではなく、イヌイットと接した多くの欧米型文明人に共通する心象なのではないかと思われる。

なるほど、彼らとつきあうと、いい加減だと感じるのも無理のないことだといわざるをえない。たしかにそういう面はある。私もそのように感じた。おそらく多くの旅行者が閉口するのは彼らの時間感覚だろう。とにかく彼らは予定というものをたてない。要するにそのときどきの天気や気分で場当たり的に行動を決めるので、約束を守るという感覚がほぼ皆無なのである。

「明日、海豹《アザラシ》狩りに出かけよう、アンマカ」

シオラパルクを訪れはじめた頃は、村の友達にこんなことを言われて何度かその気になったものだが、しかし実際にその明日が来ても、彼が海豹狩りに行く気配は見られない。行くって言っていたのに行かないのかな〜、こっちは楽しみにしていたのになぁ〜とそわそわして、もう我慢できなくなって彼の家に行くとテレビを見ている。

「海豹狩りに行くんじゃないのか?」

「ナッアーン(ノーという意味の否定表現)、風がある。沖はうねりがあるからダメだ」

「じゃあ、明日か?」

「ナルホイヤ」

と、こんな調子で、結局それから七年がたった今も彼とは海豹狩りには出かけたことがない。逆に家にいきなり来訪して、「おい、カク、今から海豹狩りに出るから準備しろ」といわれて、慌てて防寒服を着込んだこともある。行くと決まれば人の予定などまったくおかまいなしなのである。

彼らの場当たり的、いい加減、とも思える時間感覚は食事にもあらわれている。

われわれにとって食事とは、朝昼晩のきまった時刻に家族が食卓をかこんでとるもの、とされている。家族がいなくても、朝食は会社や学校に行く前に、昼食は正午の昼休みに、夜は帰宅途中の吉野家で、みたいに、だいたい時間が決まっているものである。人それぞれあるだろうが、食事には一日の生活リズムを規律づける役割があり、その意味では共通しているわけで、それはおそらく大昔からそうだったはずである。

しかしイヌイットの文化にはそうした食事による一日の規律づけは存在しなかった。家の隅っこの食い物置き場に海豹や海象《セイウチ》の肉がどんと置かれて、各々が好きなときにナイフで切りながら腹につめこむ、という原始的ビュッフェ形式が彼らの食習慣で、簡単にいえば腹が減ったら勝手に食べる方式である。

極北カナダの小部落に住みこみ取材をした本多勝一は、こんな指摘をしている。イヌイットにとって〈食事とは、ただ「食うこと」。腹がへったとき、食い物を胃袋につめこむだけだ。一家そろって食べるときもなければ、食事時間もない。腹がへる。だから食べる。（中略）食料置場へは、となりの食料貯蔵庫から、ときどき肉のかたまりが小出しにされる。カリブーの肉塊・頭蓋骨・脚。アザラシの胸。ときにはライチョウ・カモ・ガン。すべて皮がはいである。室内は暖かいから、こおったのが溶けてベトベトし、中には腐りかけたのもある。そんなのがいろんな動物の肉汁にひたってドロリとしているようすを見ると、私たちには口に入れるのに大変な決意が必要だ。〉（本多勝一『カナダ＝エスキモー』）

本多勝一がこのように書いてからすでに約六十年、今のカナダの事情はよく知らないが、少なくともシオラパルクではこうした食習慣は多少変化し、家族がテーブルをかこんで食事する光景もめずらしくなった。それでも往時の名残はまだ濃厚で、石油ストーブの脇の床に、海豹や海象の肉の入った鍋、キビヤ、マッタ、あるいは干し魚や海豹の脂等々が置いてあり、腹が減ったら各々が座りこんで適当にもしゃもしゃ食べるのが主流だ。こうした食生活をみるにつけ、まだ彼らの行動を決定づけている独特な時間感覚は大きく変化していない、との印象をうける。

ちなみに先ほどからたびたび引用しているこの本多勝一の『カナダ＝エスキモー』は、日本語で書かれたイヌイットの文献としてはもはや古典とよんでもさしつかえない内容を誇っていると思うが、その本多にとっても、イヌイットのナルホイヤ的言い回しはインパクトのあるものだったようで、彼も分析をこころみている。

ただし本多の調査対象はグリーンランドではなく極北カナダだったので、言葉づかいも〈ナルホイヤ〉ではなく〈アーマイ〉というものだった。

ナルホイヤとアーマイの語意が完全に同じかどうかは、片言のイヌイット語しか話せない私には判断のしようがないのだが、シオラパルクのとある年配の住人は、このふたつの言葉の意味は同じだと明言していた。

それに北東アラスカからカナダ、グリーンランドにかけて暮らす現在のイヌイット諸民族は、一二〇〇年頃にベーリング海峡から拡散したチューレ文化の人びとを祖先としており、言語学的にも共通している。そうしたことから、ひとまずここではナルホイヤとアーマイは同義ということで話をすすめる。

本多が一九六三年に住みこみで調査したカナダ・メルヴィル半島のイヌイットたちは、ことあるごとにこのアーマイという言葉を連発したようである。私はナルホイヤという言葉を〈わからない〉という意味で理解したが、本多は同じ意味だと思われるアーマイという表現を、もう少し踏みこんで〈「知らない」（I don't know）という意味ではなく、「いわく言いがたい」（I can not say）ということだ〉と書いている。そして次のようにつづける。

〈「アーマイ」という、感嘆詞に近いようなこの言葉に、エスキモーの生活態度がにじみでているように思う。人を小バカにしたような調子。ふてくされて、どうにでもなれといった調子。あるいは「なるようになる」といったあきらめの調子。それらが入りまじって、酷薄な大自然を生きぬく彼らの哲学が象徴されたような言葉である。〉

イヌイットがアーマイを連発する言語的な背景を、本多は極地の想像を絶するほど単調な自然環境にもとめている。

北極圏の自然は何しろ単調である。何が単調かといえば、まず景色が単調だ。

シオラパルクでいえば村の前にはフィヨルドがあり、冬になると海氷が敷きつめ、一様に真っ平な白い雪面がどこまでもひろがる。海岸からは急崖《きゅうがい》が標高千メートルの高さまでそそりたち、そのうえには白い沙漠としか呼びようのない、生物の痕跡すらない内陸氷床が、海氷とおなじように視界のおよぶかぎりつづく。

犬橇で海氷を走ってみると積雪の変化や乱氷の有無といった細かな変化を読みとれるが、遠くからながめるかぎり、そうした違いはわからないので、無変化な広がりが茫漠《ぼうばく》としてつづくようにしか見えない。氷床も同様である。氷床には微妙なアップダウンがあるし、氷河の近くなど風が吹きぬける場所にはサスツルギとよばれるギザギザの風紋ができあがるが、全体としては、ただ白くてなだらかなだけの、何ら地形的特徴のない面的空間が地平線の彼方まで広がるだけである。グリーンランド北部の地形は概して海は海氷、標高の高いところは氷床という平面的な空間が上下二段にわかれてひろがり、その中間部分を急崖や峡谷が接続する三次元構造になっている。それがどこまでも飽くことなく延々とつづく。

しかし、このグリーンランド北部の地形は、北極圏においてはまだ変化にとんでいるほうで、本多が住みこんだメルヴィル半島はその十倍ぐらい単調である。

私もグリーンランドに行く前、極北カナダで二度ばかり長い旅をおこなったことがあるので身に染みてわかるが、極北カナダの大部分は〈カナダ楯状地《たてじょうち》〉という、大昔に地質的に侵食をうけた平原になっており、山もなければ崖もなく、せいぜい微妙なもりあがりがあるだけの極めて平坦な地面が延々とつづく。しかも地形的に平坦であるばかりか、北極圏には樹木も存在しないので、地表は蘚苔類《せんたいるい》や地衣類《ちいるい》ばかりがひろがるツンドラである。冬になるとそれも雪の下にかくされてしまうため、色彩的にも、ただただ灰色の空と、一部に影の紋様がしみこむだけのモノトニアスな景観と化す。要するに、目もなければ鼻もない、それどころか感情すらもよみとれない、会話の糸口さえ見つからない、のっぺらぼうの風景があるだけだ。

おまけに夏は白夜、冬は極夜がつづく北極圏は、一日の区切りも消失してしまっており、時間的にも一元的な世界である。

太陽の有無に起因するこの時間的な単調さは、もしかしたら風景の単調さよりも、人の精神に深い影響をおよぼすかもしれない。

白夜においては夜がこない。夜がこないということは、一日一日をわかつ分割線が存在しないということである。夜という区切りがあるからこそ、生活にはリズムがうまれ、明日、明後日という観念も生じる。さらに一日中明るい白夜世界では事実上、朝とか夕方といったものも存在しない。太陽が頭上を一日中ぐるぐるまわり、ひたすら光を放出する白夜世界は、事実上、太陽がない世界にひとしい。つねに太陽があり、つねに明るいものだから、空気みたいに、あることが意識されなくなり、ついには、あるのだか無いのだか気にならなくなって、一日という概念も無きにひとしくなるのである。そして極夜はこれとは反対の太陽がない夜の暗黒が毎日つづく世界である。白夜が、太陽がありすぎるせいでその意味がうしなわれて一日の区切りが消失した世界であるとするなら、極夜のほうは太陽そのものが存在しないために一日の区切りのない世界である。両者は対極にあるものの、日や時間の区切りが消失した一元的世界という点ではまったく同じ現象だ。

一年の多くが一元的世界に支配される結果、イヌイットの精神世界では時間観念が希薄になる。午前十時とか、午後二時とか、そういう太陽の位置によってさだめられる時刻が事実上消失しているので、寝る時間もばらばらであれば、食事をする時間も定まっていない、規律やリズムなど何のことやら、という無秩序な生活習慣が生まれる。

本多勝一はこの一元的で単調な環境から重要な指摘を導きだしている。それは数の観念の欠如である。どこまでものっぺらぼうのように広がる無変化かつ無際限な風景、そして太陽と闇の交代がうしなわれた、日の区切りのない一元的時間のつらなり。こうした単調な世界では〈くりかえし〉という、どこにでもある、普遍的かつあたり前とも思える現象がおきない。くりかえしがおきないから、何かを数える契機もない、と本多は指摘する。

〈「太陽の沈まぬ国」に象徴される、世界一単調な自然。ここには、定期的な繰り返しの現象がない。たいていの古代国家あるいは未開民族は、まず月の満ち欠けで暦を作り出した。が、北極では、半年近くも月が見えない。エジプト人が太陽暦を発明したキッカケも、毎年定期的に起こる洪水の予報のための努力だった。さらにマヤ人となると、時間というものに対して異常に熱中し、太陽暦・太陰暦・金星暦・祭式暦を苦心さんたんして調節した末、エジプト人がやらなかった太陽暦の誤差の修正を、驚くべき正確さで実行している。（中略）必要は発展の重要な条件になり得る。生活に直接結びつく事件が定期的に起こらなければ、数の発展も起こりにくい。氷がとけたり、カリブーが移動したりする時期は、年によってかなり違う。きわめて常識的な「どこまでゆくのに何日かかる」という表現。これさえも太陽のない国では不可能だから、「雪の家をいくつ作る」——つまりは何回寝るかで漠然と表現しなければならない。〉

くりかえしがなく、数を数える機会がないものだから、本多が接したイヌイットたちは計算というものがまったくできない。私たちが小学校一年生で習うような一桁の足し算や引き算ですら満足に理解できない。

本多は次のような興味深い話を例にあげている。馴鹿《トナカイ》が八頭いて、イヌイットが六頭仕留めた。しかしそのイヌイットが「一頭に逃げられた」というので、本多側は、いやいや、逃げたのは二頭でしょ、と指摘するのだが、そのイヌイットは、いや逃げたのは一頭だとゆずらない。なんだこいつは、ということで地面に石を八個ならべて、そこから六個をさしひいてのこったのは二個であることを明示して、ね、二頭でしょ、それぐらいわかるでしょ、と説明するのだが、イヌイットは「うーん」と頭をひねるばかりである。

では、なぜ彼は一頭だと言い張ったのかといえば、それは彼が実際に追いかけたのが逃げた二頭のうちの一頭だったからである。そのように聞くと、なるほど、そうか、そういわれれば逃げたのは二頭ではなく一頭ともいえ、彼の答えもまた正しいなぁと感じる。要するに狩猟民である彼らは目の前の直接体験のなかに生きているのだが、数の観念の発達した私たちは無意識に抽象化し、全体を引き算するので、二頭こそが正解なのだと思いこんでいるのである。

両替になると彼らの理解の範囲をさらに大きく超える。Ｉという男にＫが十ドル払う必要があるが、あいにくお互い二十ドル札しかもってない。そこでＫという男が十ドル札を二枚もっていたので、Ｉの二十ドル札をＫの十ドル札二枚と両替させたうえで、Ｉに二十ドル札をわたして十ドルのお釣りをもらおうとした。ところが、Ｉはこの要求に応じない。二十ドルもらって十ドルおつりをわたすのだから十ドル儲けるのだが、Ｉの感覚では損をすると感じられるのである。十ドルもらう立場である自分がお釣りとして十ドルわたさなければならないこと、そこに納得いかないものを感じるのだろう。一方、両替しただけのＫはほくほく顔。というのも一枚しかなかったお札が二枚に増えて、何もしないのに資産が二倍になったと勘違いしたからだ。

本多は〈彼らが数を反射的に理解できるのは、まず「五」以下。「六」から「一〇」までになると、指折りかぞえなければピンと来ない。三〇、四〇となると、数自身は知っていても、記号にすぎない〉と書いている。

このような数の観念の欠如は、馴鹿の逃げた数をかぞえるときとか、十ドルのお釣りをもらうときぐらいなら笑い話ですむが、実際にはひどい現実、もっといえば地獄絵図につながっている、と本多はさらなる重要な指摘をする。というのは数観念の欠如は計画性の欠如につながり、計画性がないと、北極のような極限環境では、現実として食い物がなくなり次々と野垂れ死にする飢餓経済につながってゆくからだ、というのである。

なにしろ一日という概念のほとんどない北極では、明日、明後日という感覚も希薄で、ゆえに将来のために貯蓄しようという考え方も育たない。だから、今あるものは全部食べてしまう、つかってしまうという豪快なポトラッチ式消費行動にはしりがちになる。

もし計算的理性の発達した現代文明人が、彼らと同じ環境で生活し、獲物をとることが難しい冬を迎えるとしたら、どのような準備をするだろうか。まちがいなくどれぐらいの肉が必要かを計算して、獲物がとれない場合に備えるはずである。一月まではあと三カ月ある、そして私たちの家族は五人だ、一人一日一キロ平均の肉を食べるとして五人で五キロ、これが三カ月＝百日と考えると五百キロ、それだけの肉を確保するにはカリブーだったら何頭で、海豹であれば何頭必要で……といった計算をするわけだが、数の観念のない彼らはそれをできない。だから狩りをして肉を食べ、無くなったらまた動物をもとめて旅をして、という場当たり的生活をつづける。狩りがうまくいけば問題ないが、しかし狩りとは偶然の産物という要素が少なからずあり、獲物がいなければ食料の確保は不可能だ。そして現実に彼らの歴史では、犬を殺し、子供を間引き、死人の肉を食らい、数十人の規模で一気に死に絶える、といった悲惨きわまりない大飢餓がたびたび発生してきたのである。

数観念の欠如にいきあたったときの本多勝一の感慨は、じつに率直で示唆的である。

〈私たちはエスキモーといっしょに生活をして、一度も「野蛮人」や「原始人」と感じたことはなかった。単に物質文明に恵まれていないだけで、精神的にも、感情的にも、きわめて人間的な、ある面では私たち以上に人間的な人々であった。

だが「数の観念」の欠如を知ったとき、大きなカベを感じた。「野蛮人」では決してないが、深い所にかくされていた「未開人」の残像をのぞき見たように思われた。〉

文明生活者とイヌイットの精神性をわかつもの、それは生肉を食べる食習慣だとか、犬にたいする態度のちがいだとか、一見わかりやすい表面的な未開っぽさにあるのではなく、数や計画といったものにたいする態度、認識にある。

3

数、計画といったものと無縁な、死んだら死んだでしょうがない、みたいな究極の諸行無常の響き、あるいは、諦念《ていねん》の哲学とでもいうべき彼らの思想、それをひと言であらわした言葉が「アーマイ」(なんともいえんね)である。それが著作から読みとれる本多勝一のアーマイ＝ナルホイヤ論といってよいかと思う。

本多勝一のこのアーマイ＝ナルホイヤ論は非常に説得的で、彼の本を今あらためて読んでも、なるほど、そうかもしれん、白夜とか極夜とかの特殊環境が彼らの精神性や世界観にあたえるものは測り知れないものがあるにちがいない、とも思う。

だがナルホイヤという言葉、あるいはアーマイという言葉に直面するとき、私は彼とはいささかことなる感興《かんきょう》をもつ。

というか、まったく正反対といってもよいかもしれない。

〈大きなカベを感じた〉と吐露していることからもわかるように、本多は、計画性のないイヌイットの認識世界に最終的にネガティブなものを見出している。ネガティブにとらえているからこそ、彼は、その後の議論でイヌイットの教育問題について触れ、数の概念を叩きこみ、計画性をもたせることが飢餓をさける唯一の道だと力説している。

だが私は、本多勝一とはちがい、彼らのナルホイヤ的認識論にポジティブな面を見てとる。

もちろん本多が調査したときのイヌイット社会は、環境も状況も今の時代とはかけはなれたものだった。現代のシオラパルクは、死が近い、と感じさせる要素があるとはいえ、本多の時代とはちがって国家の福祉政策がゆきとどいており、餓死者が出ることなどまず考えられない。私が感じる死の臭いなどは所詮、住民の生が確約されたうえでの、彼らの生活から滲みだすかつての真正狩猟民時代の残香のようなものだ。それにくらべて本多の時代の極北カナダはまだ大飢餓発生が現実問題としてよこたわっていた。かつて執筆のために英語の資料をあさっていたとき、カナダの不毛地帯とよばれる平原のイヌイット集落で大量餓死者が出たとの六十年代の記事を読み、私も驚いたことがあるが、この時代のイヌイット社会では大量集団餓死が現実に発生していたのだ。であるなら、その時代に彼らに計画性をうえつけることこそ喫緊、肝要であると唱えた本多勝一の感性と論理は、むしろとてもまっとうである。

でも、そんなことはわかったうえであえて言うのだが、私はイヌイット式のこの〈わからない〉〈なんともいえん〉という未来にたいする諦念に、ある意味ニヒリズムそのものと言えなくもないその言葉に、世界にたいする深い知見を感じるのだ。

ナルホイヤの何が深いのか。というと、それは、今目の前の現実にたいして没入するという態度を保持しているところである。さらにいえばそれを徹底的に肯定しているところである。

冒頭のコロナのくだりでも触れたが、〈今〉への没入を肯定するこの態度は、現代文明生活者の思考回路からうしなわれた、もっとも重大なものではないかと私は考えている。未来を予期して、リスクを排除することがあらゆる行動の前提となってしまった今の私たちの社会では、〈今目の前〉で不意におきる出来事、偶然に身をさらすことが次第に難しくなっている。思考回路そのものがリスク回避を前提とし、あらゆることを予期しようとするため、現実はその予期の確認作業になりさがりつつある。

私が近年つよく感じるのは、未来予期でリスクを排除し、あらゆることを事前に計画していては生の躍動はえられないのではないか、ということである。生きていることを感じさせるダイナミズム、それは〈今目の前〉の場当たり的で偶発的な出来事に身をさらし、そこから開闢《かいびゃく》する新しい可能性におのれの身を、運命を投げいれることでしか得られないのではないか。

私にいわせれば、イヌイットのナルホイヤという言葉は、じつは未来を正確に予期することなど人間にはできない、人間は今目の前の現実に身をさらすことでしか生きていくことはできない、との彼らの生の哲学をあらわした言葉である。さらにこれは、彼らのモラルにさえなっている。彼らは、ナルホイヤとひと言、宣することで、未来を設計するような思考回路、計画的に物事を遂行することの愚劣さを諭す。ナルホイヤは彼らの道徳であり、よりよく生きるための行動指針である。その証拠に私が計画的に何かをおこなおうとするとき、彼らは私のその計画性をナルホイヤ的言動をもちいて窘《たしな》めるのである。

このナルホイヤ的モラルがなぜ、彼らの生活態度に染みついているのかといえば、それは彼らが存在論的に狩猟者だからであろう。本多勝一はアーマイ＝ナルホイヤ的哲学の淵源《えんげん》を単調な一元的自然環境にもとめたが、私は、それも一理どころか三理ぐらいあると認めつつ、でもそれより彼らが動物を狩ることで生きる人びとだからではないか、とも考えている。なぜなら狩猟こそ今目の前の瞬間に身をさらす、その始原にあるいとなみだからだ。

計画と漂泊

1

ナルホイヤの淵源は狩りにあり、しかもそれは彼らの生活道徳になっている。このナルホイヤ的世界認識はよりよく生きるためのモラルであり、極端な未来予期をもとめる私たち現代文明に暮らす人間にも大いに参考になるところがある。とこういうことを私はこれから書いてゆこうと思っているのだが、だがその前にちょっと、なぜ私が未来予期という概念について考えるようになったのか、ということを記しておきたい。

私の場合、ものを考えるベースになるのは基本的には旅や探検の経験である。未来予期や現実没入なんてことに思考をめぐらせるようになったのも、いくつかの探検をつうじて私なりに思うところがあったからだ。誰かが言ったり書いたりしたことではなく、みずからの経験がもとになっているだけに、それらは私の物の見方のゆるがない骨子となる。じつは本書で描きだそうとしているイヌイットのナルホイヤ的思考やモラルも、単に彼らの言動を見たり聞いたりして感じとったものではなく、私自身のなかにすでにできあがりつつあったこの未来予期、現実没入についての知解をつうじて解釈されたものだ。要するに私がどの探検でどんな経験をした結果、未来予期とか現実没入とかいったことを考えるようになったのか、その部分を明示しなければ本書の土台は不安定となり、イヌイットのナルホイヤ的思想も曖昧なものになってしまうと感じるわけだ。

ということで、ここからしばらく個人的な探検と、そこからなぜ未来予期とか現実没入とかを考えるようになったのか語ろうと思う。

前提として、現実世界にたいして私が如何なる認識をもってこれと接しているのかといえば、それはカオス、渾沌である、ということである。

真の現実——自然といってもいいかもしれない——とは収拾のつかない無秩序な修羅場である。最初のコロナ禍の章でも書いたが、そもそも私たちは自分の身体ひとつ管理することなどできない不完全な存在である。私の心臓は明日止まるかもしれないし——身体こそもっとも身近な自然だ——、街中で狂人と遭遇し刃物で刺されるかもしれない。あるいは車に轢かれるかもしれない。家から一歩外に出ただけで何がおこるかわからない修羅場が待ちかまえているのが現実である。これを時間という観点からみれば未来は何がおきるか謎である、ということになる。

しかし現実問題として私たちの手帳には明日や明後日、いやそれどころか一カ月後、二カ月後の予定さえ書きこまれている。これがどういうことかといえば、真の現実は何がおきるかわからない修羅場なのに、普段の私たちの認識としてはそうは見ておらず、現実は秩序だったコスモスであり、明日も明後日も今日と同じ日がつづくはずだとみなしているということだ。渾沌とした現実、そこに秩序を見出すわれわれの認識。このふたつの間には明瞭な断絶があり、この認識が成り立つためには、あきらかになんらかの思考の操作がほどこされていなければならない。

ではどのような思考の操作が、われわれの認識回路にほどこされているのかといえば、それが未来予期だ。未来は謎なのに、謎ではなく予期可能なものだととらえている。世界をそのようなものとして把捉《はそく》しているからこそ、われわれは明日、明後日の予定を手帳に書きこみ、その予定にしたがって現在の行動の指針にする、などという離れ業をやってのけることができる。

これは見方をかえれば、われわれは未来予期というフィルターをかぶせて渾沌とした真の現実世界をとらえているということでもあるだろう。もちろん未来予期は無自覚になされる思考操作なので、普段の生活で、あ〜俺って今、未来予期してこの現実を生きているなぁ〜となどと実感することはない。いちいちそんなことを考えていたら疲れて仕方がない。たとえば青信号で横断歩道をわたるとき、車が来ないと未来予期しているからこそ車道をわたることができるわけだが、しかしだからといって、俺は今、車が来ないと未来予期して青信号をわたっている、などと意識している者は皆無である。

それに実際、日常生活では未来予期など意識する必要もない。というのも、われわれが普段ほどこしている未来予期は、実際におおむねそのとおりになる蓋然性《がいぜん》が高く、その意味ではわりと信頼できるものであるからである。青信号の横断歩道の場合であれば、よほど運が悪くないかぎり車が信号無視して突っこんできて死亡などということはありえない。文明という、われわれが日常生活をいとなむシステムの内側では個々人が勝手気儘《きまま》に生きているわけではなく、ルールや常識や慣習などにのっとって暮らしている。だからそうしたシステム内部の約束事にしたがって行動するかぎり、それなりに精度の高い未来予期がえられるわけだ。その点でいえば、社会システムは渾沌を秩序におきかえるためにつくり出された大規模な装置だともいえる。

私とて普段はシステムの内部で日常を生きる一介の市井人であり、現実とはカオスであり、そのカオスと直面するのを避けるために未来予期のフィルターをかぶせてこの世界を把捉しているのだ、などと日常的に意識しているわけではない。それに以前はそんな考え方をしたこともなかった。

ところが二〇一七年におこなった探検がきっかけとなって私の物の見方は大きく変わってしまい、結果、現実とはカオスであること、そしてこれを直視しないためにわれわれは未来予期にすがって生きているのだ、と認識するようになったのである。というのもその二度の探検の最中に、それまで無意識にかけていた未来予期のフィルターが取り払われ、渾沌として現実に放り出された瞬間が幾度かあったからである。

2

冒険や探検とはそもそもシステムの外側に飛び出す行動のことだ。

ここでいうシステムとは、インターネットやGPS等の情報通信インフラのことだけをいうのではなく、簡単にいえば、規則や常識や慣習や科学などといった、われわれの思考や行動をある一定の方向にむける無形の力の総体のようなものである。システムの内側は秩序だったコスモスなのだから、そこでは蓋然性の高い未来予期を得られることが期待できる。逆に冒険や探検はその外側を目指す行動なのだから、その対象は秩序化されていないカオス、つまりもしかしたら自分は明日死んでしまうかもしれない情け容赦なき真の現実がむき出しになった無秩序な世界ということになる。カオスのなかに飛びこみ、不確定状況の渦のなかにまきこまれて、それでもなんとか試行錯誤して生命を持続させる、それが冒険や探検とよばれる行為の脱システム的本質だ。

探検がおこなわれる領域はカオスそのものなのだから、本来探検に出さえすれば未来予期やカオスといった概念に気づくはずだ。だが、生来頭の働きがあまり芳《かんば》しくないためか、学生時代から探検や登山に精を出してきたにもかかわらず、私の脳にこうした言葉が浮かんだのは極夜の探検のときがはじめてだった。

極夜の探検で発見したことのひとつは、未来予期のない状態では人は心の平安を得られないということ、その意味で未来予期こそ人間の存立基盤そのものなのだ、ということである。

極夜世界で私が何を経験したのか、というと次のようなことである。

極夜というのは三カ月も四カ月も太陽が昇らない、延々とつづく長い夜である。極夜といっても地域で差があり、緯度の低い北極圏では、太陽は二十四時間沈んだままではあるものの、お昼のあいだは地平線の下に近づいてきて薄明《はくめい》がさし、わりと視界がきく。だが、私が旅をした北緯七十八度以北では地面の下からとどくその陽光も滅法よわく、ほぼ暗黒、バナナどころか醤油からごま油から何から何まで凍結する極寒とあいまって、あらゆる前向きな感情が剥《は》げてしまう環境だった。そこを私はひたすらに前進した。シオラパルクの村を出発して、まずは傾斜のきつい厄介な氷河を登り、月明りをたよりに白くて平らな内陸氷床を一路北にむかい、そこからツンドラ台地に下り立ち北上をつづけた。

未来予期云々の認識に達したのは、このツンドラ前進中である。

このあたりのツンドラ台地もその手前の氷床同様、平坦であること以外になんら地理的特性のない、のっぺらぼうみたいな場所である。そこで私は地図上の自分が目指しているポイントにむけてコンパスをむけ、その方角にそって直線的に進もうとした。正しい方角にきちんと進めば、海岸にある目指すべき無人小屋に行きつくことができる。ところが、そこはのっぺらぼうみたいな場所で、山とか谷とか目立つ尾根といった目印になる地形がないので、現在地をうしなってしまいそうになる。というか、うしなう。うしなってもGPSを見ればいいじゃないかと思うかもしれないが、現在地の特定のような旅の根幹にかかわる本質的作業を機械に外部委託することに抵抗感のある私は、GPSをもたないことを信条としている。なので確認したくても確認できないのである。もしGPSをもった旅人が近くを通りかかれば、「いやーちょっとスミマセン。暗くて場所がよくわからないんで、緯度と経度を教えてもらえますか」と訊ねることができるのに……との妄念さえいだいたが、この暗黒状況を好んで旅行する者など私以外にいるわけがない。さあ困った。でも進むしかない。直線的に進めば、理屈のうえでは目指すべき無人小屋に出るはずだ。それを心の拠り所に私は暗黒世界を直進した。

暗くて現在地を把握するための手がかりがないので、直線的に進んでいるのかさえ判然としないのだが、直進しているはずだと信じてそのまま進んだ。

しかし確信のないまま直進しているので、もしかしたらまちがっているんじゃないか、との疑念は否応なしにふくらんでゆく。まちがったまま進んでしまえば、そのズレは前進するほど大きくなるはずだ。何日もそんなことをつづけるうち、ズレているんじゃないか、との疑心暗鬼が増幅してゆき、やがて私は、いったい自分はどこにいるのか？　という不安を払拭できなくなった。

その不安は、正確にいえば奇妙な遊離感ともいえた。普段の生活では接続されている何か確固とした基盤から自分の存在が切り離されてしまっている、そんなエクトプラズム感だ。

私がこのとき発見したのは、人類が本源的にかかえる闇への恐怖というのは、おのれの存立が脅かされたかのごとき、この不安からたちのぼるのだ、ということだった。

この存立基盤の喪失は明らかに、暗くて見えない、そのせいで正確な現在位置がつかめないという状況からきている。では、なぜ現在位置がわからないことが存立基盤を危うくさせるのかといえば、それは、どこにいるのかわからないという空間的不安は、明日俺はどうなるのだろうという時間的不安に直結しているからだ。

空間と時間、この両者は異なるようでいて、じつは物事の同じ側面をちがった角度からながめた概念にすぎない。極夜の闇のなかで現在地をうしなうと、地図上でどこにいるのか不明となるわけだから、明日自分がどこにたどりつくのかもわからない。これがもし、光のある、昼間の明るい山登りだったとする。すると、あそこに顕著なピークが見えるね、足元の谷は東のほうに向いているね、といったように周囲に色々目印となる地形があって、それが見えているわけだから、地図上で現在位置を特定できる。現在地がわかれば、嗚呼おれは今は地図上のこの谷にいるのだから、明日、明後日とこの谷をつめてその向こうの別の谷をおりて海岸まで出よう、海岸までは正味三日かな、などと未来予期を得られる。少なくともこの未来予期が照らす正味三日間は生きている自分をリアルに想像できるわけだから、さしあたりの心の平安は得られる、とこういうことになる。

ところが極夜の探検ではこうした地形的手がかりが見えず、結果、現在地を把握できない。そのまま歩いてもどこに行きつくのかよくわからない。もしどこかに出ても、そのとき本当に現在位置を把握できるのか、それすら不確実なのだ。だから、もしかしたらそのまま海の手前の崖まで行ってしまい、崖の存在にすら気づかずそのまま直進して墜死《ついし》するのではないか、とか、岩石だらけの場所に出て橇を動かせなくなり食料不足に陥るのではないか、などといった不安から逃れられず、心の平安をえることができないのだ。つまりこの不安は、どこにいるのかわからない不安というより、どこにいるのかわからないことからくる明日どうなるかわからない不安であり、どこにいるのかわからないいま迷いつづけて最後は野垂れ死にするのではないか、という不安である。

春におきる濃霧によるホワイトアウトでも同じだが、現在地をロスすると、人はなかばパニック状態に陥る。濃霧であれば最悪一日二日で晴れるが、極夜は数カ月つづく。このいつまでもだらだらとつづく闇の不安のなかにいると光が猛烈に欲しくなる。それは、光があれば闇のストレスから解放される……からではなく、多少とも明るくなれば何らかの地理的目印をみつけて居場所を特定でき、嗚呼あの山は地図上のこの山だから自分は今ここにいて、三日後には海に出られそうだ、みたいな感じで、明日以降の予定や計画をたてられて安心できるからである。その安堵感たるや、経験した者でなければわからないだろうが、完全に命がつながったという安堵感である。その意味で光というのは未来を照らす希望であり、もっといえば未来予期そのものなのだ。光＝未来予期とは人間の心にひとかたならぬ平安をあたえる存立基盤そのものなのである。

と、こうして私は極夜の探検で光と未来予期の真の意味を認識論的につかみとった。光はえてして希望の象徴に擬せられるが、これは隠喩でもなんでもなくて、文字どおりそのまんま希望である。多くの宗教が神の姿を光につつまれたものとしてえがくのもそのためだ。この認識をもとに「光とは希望なり！」と辻説法でも開始し、新興宗教〈極夜教〉の教祖になる道もないではなかった。でも私はそれはしなかった。そのかわり同年夏、私はかねてから考えていたとおり北海道の日高山脈で地図無し登山をおこなった。すると、思わぬことに、この登山でも未来予期についての認識はいっそう深まり、かつ磨かれたのだ。

日高山脈地図無し登山。これがいったいどのような行為かといえば、読んで字のごとく地図をもたないで日高山脈を登るという、ただそれだけである。なぜそんなことをするのか。地図をもてばいいではないか。阿呆ではないか。と、そう思われるかもしれないが、しかし地図をもっていては永久に知ることがなかったであろう生《なま》の山の姿を知ることができたという意味で、この登山は革命的といってもよい物の見方を私にもたらしてくれたのだった。

この登山でわかったのは地図をもって登る山と、地図をもたないで登る山では、同じ山であっても、完全に異なる山として現象するということである。

この登山の重要なポイントは、私が日高山脈の概念をまったく把握していなかったことに尽きる。

私は日高に行ったこともなければ、行こうと思ったこともなかった。だから地図を詳細にながめたこともないし、それどころか何という名前の山があるのかさえ存じあげていなかった（この登山は本書刊行時点でも継続しているので、今も私は日高の地図を見ないよう心がけており、結果、山の名前をほとんど知らない）。知っているのは、あまり人の入らない原始境的山域であること、あとは、その懐には深く、エグい谷が刻まれているらしいという風聞のみで、簡単にいえば日高は私個人にとっては完全に地図の空白部だった。

完全なる地図の空白部を探検したとき、人は何を見るのか。私の関心はそこにあった。

たとえば富士山という山がいつの時代から今のように美しい円錐形をえがいているのか私は知らないが、かりにずっと昔からあのかたちだったと仮定しよう。とすると、最初に大陸のほうから今の日本にまで拡散してきた石器時代人のなかには、一番はじめに、何の情報もないなかで、富士山を見た者が必ずいたはずである。その石器時代人は、無垢な手つかずの樹海から画然《かくぜん》と屹立《きつりつ》する、麗《うるわ》しき霊峰が突如視界にとびこんできたとき、その美しさ、インパクトに存在まるごと吸いこまれてしまったはずだ。私が知りたかったのは、富士山を最初に見た人間のいかなる感慨を抱いたかという、それであった。富士山じゃなくても、要するに何の情報もなしに偉大な自然物を前にしたとき、人はいかなるかたちで、その自然物に自らの存在をからめとられるのか、それを経験したかったのである。

ということで私は地図をもたずに日高の懐にわけいった。

地図無し日高で経験したのは、〈分け入っても分け入っても青い山〉という種田山頭火の俳句そのままだった。いくら谷筋を遡ってもいっこうに終わりが見えない。しかも日高の谷は風聞で聞いていたとおり、深く抉《えぐ》れ、かつ泥と残雪で黒光りした岩壁に両岸をはさまれ、想像以上に悪かった。せまい峡谷にはもろく危険な雪渓がのこり、それを迂回するために壁のようにたちはだかる藪に突入し、泥だらけの汚い崖を這って登る。それをひたすらくりかえさねばならない。とにかく地図がないので、この危険で不快な作業がいつになったら終わるのか、というか、この谷を登ったら本当に何か山があるのか、それすらわからない。

まったく先の見えない極夜以上の未来喪失。

そんな前進をつづけて一週間ほどだったろうか、激しい雨幕のむこうに、私は七十メートルの大滝を見た。その光景は圧巻だった。正直とても登る気はおきず、私はすごすご雨のなか退却し、別の谷から稜線へといたるルートを探ることにした。

あのとき見た滝、そしてその滝を内包する日高の山、それがどのような山であったかというと、生《なま》の、おもむろに出現した山それ自体だった。山それ自体とは何かというと、山が一切の事前情報から遮断されることによって、ただその山として、目の前に、あるがままの純然たる姿で出現しているところの山である。

通常、登山というものは地図をたずさえておこなう。地図とは空間を図示したメディアだが、先ほど述べたとおり、空間とは時間と同じだから、地図は空間だけでなく時間を図示したメディアでもある。要するに地図を見れば今後の予定が、つまり未来予期が手に入るということだ。

もう少しくわしく説明しよう。

地図を見る。そうすることで登山者は、これから先は谷も少し緩くなるから今日は次の二股まで行けそうだな、などと予期をもつことができる。たとえば先ほどの七十メートル瀑布であるが、もし地図をもっていれば私はあの滝を登れたかもしれない。なぜなら地図があれば滝の先の地形を予期することができる、そして予期さえできれば、この滝を登ればすぐに落ち着いた河原になるから登ってしまおう、などという判断をくだせるかもしれないからである。だが地図がなければ予期が生じないので、目の前の滝を登ってもその先にまた次の滝があらわれるかもしれない、あるいは狭くて険しい淵になっているかもしれない、との不安を払拭できない。というか、この激しいゴルジュでは滝上が安楽な地形になっているとは到底考えられない。なので、もう三時だし、雨もひどいし、滝の登攀《とうはん》は避けてちょっと前にあった別の支流から遡ってみよう、などという無難な判断を下すことになりがちとなる。

地図なし登山では、未来予期がはいりこまない山、目の前にある山だけを相手にしなければならないので、その山が元来もっている圧力が純粋な状態でむきだしになっており、ぐいぐいと登山者に押し迫ってくるのだ。これが未来予期なき生の山、山それ自体である。地図をもたずに登ることで、私はこの日高の山それ自体と直面し、結果、その迫力に恐れをなしたのである。

得がたい経験だった。私がこの登山で知ったのは要するにこういうことだ。

地図をもつ通常の登山では、純然たる山それ自体と直面しているわけではなく、あくまで地図がもたらす未来予期をとおしてあらわれた山を登っているにすぎない。その山は、純然たる生の山に、地図という未来予期のフィルターがかぶさった状態で登山者の前に現象しているのである。未来予期のフィルターがかかれば、ある程度のことは先が読めるようになる。その結果、山それ自体がもつ渾沌や迫力が剥ぎとられ、カオスだった山が秩序化された山に変質し、鎮静化する。だから登れるのである。

この登山で経験した山それ自体とは、つまるところ先ほどから私が言っている渾沌とした真の現実そのものである。真の山、未来予期フィルターのかぶさっていない裸の山、それが地図無し登山で経験した山それ自体である。しかしこの山それ自体を登るのは、先がまったく読めないなかを探検するということであるから、精神的にじつにしんどくて逃げ出したくなる。実際、私はこの地図無し登山を数年間は継続するつもりで開始したが、あまりに憂鬱な行為だったので、もう二度とやりたくないと思い、まるまる二年間中断した。山それ自体の痛みが風化するまで二年の歳月を必要としたわけだ。それぐらい辛い。だがそれが真の現実というものである。山それ自体という真の現実世界はかように重たく苦しいものなので、普通はそれを避け、地図をもつ。地図をもてば未来予期というフィルターをかけて山を見ることができるので、渾沌そのものであった山は整然と秩序だったものとなり、皆安心して登ることができる。

そしてこの登山をつうじて私は気がついたわけである。このことは何も山登りにかぎった話ではなく、日常生活のあらゆる局面において同じことがいえるのではないか。

3

この二回の探検でわかったことをあらためてまとめると、こうなる。

極夜の探検で私は、暗くて見えないというむき出しのカオスと直面した。そして光がほしいと心から切願した。ということは、真の現実はあまりに不確実で先が読めないので通常の人間の精神には耐えられないということだ。耐えられないので光を欲しがる。光とは未来予期のことであり、未来予期こそ人間の心が本源的に安らぐことのできる存立基盤である。

日高山脈地図無し登山では、カオスたる現実が、より生々しい状態で露わとなった。すなわち地図をもたないことでとり出された生の日高だ。生日高は地図という未来予期フィルターがかかっていないだけに、山が本来もつ純然たる目の前の圧力で押しせまってくる。結果、私は七十メートル大滝におそれをなして逃げ出したわけだが、一方で地図があれば登れたかもしれない、とも思う。ここからいえることは、普段、私たちが山に登れているのは、あくまで山に地図という未来予期フィルターをかぶせて見ているからであり、これを取っ払った山それ自体はおいそれと登れるものではない、ということである。

この二回の探検は極端なケースではあるが、でも、同じことが私たちの日常的なものの見方にたいしてもいえるはずだ。

私たちは普段、自覚のないまま未来予期のフィルターをとおして現実の風景をながめている。だがそのながめている風景、つまり生きている世界はフィルター越しの世界なので、その意味では仮象だ。なぜ仮象化する必要があるかといえば、極夜や地図無し日高でわかったように、生の、裸の、むき出しの現実はあまりに不確実で生きるのがつらいからである。存立がままならないからである。だから私たちはこのカオスをなんらかの手段で秩序化して、整然としたものにつくりかえなければならない。もちろん本当につくりかえることはできないが、つくりかえることができたなぁと錯覚できればそれでいい。

日高の場合だと、そこにある日高の山それ自体の姿は、われわれが地図をもとうと、もつまいと、物理的、客観的に変質するわけではない。ただ、山は山としてそこにあるだけで、そのことに何ら変化はない。地図をもつことで変わるのは山の現象の仕方だ。われわれの認識世界にたちあらわれ、現象する山、それが不確実で無秩序なものから先のよめる秩序だったものに変質する。山に地図を覆いかぶせて現象の仕方を変えることではじめて、登山者はその山に登ることができる。

日高のケースとまったく同じことが第一章のラーメン屋のケースにもあてはまる。そのラーメン屋が旨いか不味いかは、客がラーメン屋に入る前からすでに決まっている。しかし食べる前にそれを知ることはできず、その意味でこのラーメン屋は不確実な存在である。旨いか不味いか、という二者択一の偶然性に支配されたギャンブルであり、そのままでは渾沌としておりまったく読めない。しかし、かように苛酷な現実と向きあうのは、地図無し生口高に直面するときと同じで、一杯七百円もするわけだし、客側としてはちょっとつらいものがある。そこで食べログを見る。すると三・一点ぐらいの評価がくだされ、まあ、まずまずだなと判断し、入店する。この三・一点は登山における地図と同じ、未来予期そのものだ。本来、このラーメン屋は旨いか不味いかわからない無秩序な渾沌の場であり、このままではちょっと入りにくいのだが、未来予期がかかった途端、なんか見通しがよくなり、そのことにより店に入ることができるようになる。もし口コミサイトを見ず、未来予期がない状態でラーメン屋に入ればどうなるか。本当にこのラーメン屋は旨いのか、七百円もするのに不味かったらどうするか、首でもくくるか……ラーメンが実際にはこばれてくるまで、客はテーブルでこのような容赦なき不安に耐えねばならない。

この構図においては、ラーメン屋が旨いか不味いか、そこの部分の真実は、事実上、判断の場からしめだされている。何か事をおこすとき、私たちにとって最重要なのは、そのラーメン屋が旨いか不味いかではなく、旨いと思えるかどうかだ。なぜなら実際に旨いかどうかはラーメンを食べるまでわからないからだ。本当に旨いかどうかわからなくても、旨そうだな、という未来予期を得ることができれば、未知で不確実なラーメン屋に入ることができる。

ことの真実は、入る段階では問われないし、問うことはできない。あくまでラーメン屋に入るとの判断をくだす段階、行動をおこす段階においては、ラーメン屋が旨いと思えるかどうか、自分を欺けるかどうかが決定的な基準となる。本当に旨いかどうかはさておき、今、旨いと思える、その未来予期がないと行動をおこせないのである。判断して行為する、これは生きることそのものである。その意味でわれわれは渾沌とした現実に未来予期というフィルターをかぶせ、真の現実を仮象のものにつくりかえ、その仮象のなかで生きている、といえる。

真の現実を仮象に塗り替え、そのなかで生きる。

こうした仮象化は、しかしこれでいいと思う。というか、ある意味、仕方がないと思う。というのも、何度も言及してきたとおり、どんな未知であれ、それはリスクであり、そしてあらゆるリスクは最終的に死につながっており、死こそ生き物である人間がもっとも避けたいと願う事態だからである。死など全然怖くないという人は、まあいるとしても例外的人物であり、ちょっと論及の対象にはならない。人類の九十九・九九パーセントは死をおそれているといってもよい。だから平素の生活で、人が絶え間なき死の不安から逃れるには、未来を予期して真の現実を仮象化することで安心を引き出し、それにより存立基盤を確保するより仕方がない。思考操作により無秩序を秩序化して死を見ないようにすることは人が生きるうえで不可欠な作業だ。

だが一方で、この未来予期優先の態度をあまりに発達させすぎると、真の現実にまったく触れることができなくなる、ということもいえるのではなかろうか。

ここで言いたいことは、未来予期をしてカオスたる真の現実から目を背け、心の平安を得るのはわれわれの思考回路のあり方として必然なのだが、しかし人間が本当に生を実感できるのは、じつはわれわれがなるべく目を背けようとしているそのカオスたる真の現実のほうなのではないか、ということである。

リアルな生、生の躍動。それは未来予期のほどこされた仮象には存在しない。どこかで死と地続きになっているような、できれば避けたいと願う無秩序のなかでしかつかみ取ることはできないものである。もはやラーメン屋の例では不十分なので、人間にとってもっとも身近で普遍的な生の躍動である恋愛を例にこれを考えよう。私は恋愛経験がとくに豊富なわけではないし、恋の魔術師というわけでもなくむしろ苦手な分野なのだが、恋愛が生のダイナミズムそのものであることは、まあ誰もが頷くことだろうから見逃してもらいたい。

恋愛が生のもっとも本質的現象である所以は、自己変容をともなうところにあるのではなかろうか。恋愛して交際がはじまると人は大なり小なり相手との関係性のなかに放りこまれ、未来は予期せぬ方向に変化する。結婚や出産はその典型的な出来事だ。交際開始直後は結婚など考えていなくても、相手との関係性のなかで自分の心のあり様が化学反応をおこし、結果、結婚にいたる。そういう例は、私も含めてめずらしくないだろうが、こんなことがおきるのも、相手との関わりのはざまに私自身の実存が置かれることで、自分の運命を自分でコントロールできなくなり、事態としかよびようのない状況の大波にのみこまれるからである。恋愛することで人は自らの意志とは別に、相手との間で開《かい》闢《びゃく》する新しい未来に組みこまれて、それまでとはちがう一歩を踏み出す。恋愛のこうした生成的で自己超出なもの、それこそ生の躍動する瞬間である。

だが考えてみれば、この躍動する生は、無秩序なカオスと関わりをもたなければおきないものである。恋愛における無秩序なカオスとは何か、というと、それはいうまでもなく欲望と懊悩《おうのう》の対象である恋愛相手である。恋愛相手とは自分とはことなる他者であり、もっといえばどこの馬の骨ともわからない赤の他人だ。システム化し、なんでもかんでも未来予期可能とさえ思われるこの高度情報化社会において、もっとも先の読めない無秩序とは何かといえば、それは自分自身の身体であり、また私たちの周囲に夥《おびただ》しい数で存在する他者である。

われわれは自分の死や運命を制御できない。同じように他者は究極の部分で何を考えているのかわからない存在である。どんなに親しいと感じ、信頼している人でも、最終的に何を考えているのか、どんな人間であるかを読み切ることはできない。結婚したって妻が何を考えているのか、私なんかはさっぱりわからないのだ。その意味で他者とは自分にとって制御不能なカオスそのもの、未来予期可能な仮象ではなく、未知で、リスキーな、露骨なまでの真の現実である。つまり通常は本能的に避けようとする無秩序な真の現実と深く交わろう、というのが恋愛である。

恋愛や結婚は制御不能な他者との関係のなかで生きるということだから、その意味で自分の未来の変化をともなうのであり、リスクである。あらゆるリスクは死に直結する、という生き物としての人間のテーゼからいえば、この人間関係にともなうリスクは避けるべきリスクだし、実際に避ける人もたくさんいる。目の前に素敵な人が登場して心が激しく揺さぶられたとしても、その人と恋に落ちて今の環境が変わるのが怖いと思えば、交際を避けるのはありうる選択なのだろう。だがその選択は、その素敵な人があらわれる前の未来予期を優先するということであるわけだから、生きた真の現実(目の前の素敵な他者)ではなく仮象(予定どおりの生き方)のなかで生きることを選ぶ、という態度でもある。設計どおりの人生を歩めば、それは安心であり無難であろうが、そのような事前の設計に管理された生は、言ってみれば、真の現実に触れる前の机上の計画案にのっとって、だいぶ前に敷いたレールのうえを歩む生き方にすぎないともいえる。

4

真の現実たる無秩序に触れなければ、人は生の躍動を経験することはできない。言いかえればこれは、あまりに計画的に物事を遂行しすぎると、何か大事なものがそこから削ぎ落とされる可能性があるということでもある。

そしてそんなことがおきるのは計画という概念が未来予期の産物だからだ。

未来は謎というのが真の現実であり、これを認めるなら、本来、計画などたてられるわけがない。ところがわれわれは皆、現実に計画や予定にしたがって生きている。考えてもみればこれはおかしな話なのだが、このような計画立案などという無茶苦茶なことができるのも、本来の渾沌とした真の現実を、このまま恙《つつが》なくつづくはずだという未来予期ベースの仮象に置きかえて、そのなかで生きているからだ。たしかに計画的に生きれば予定調和になり不安は少なくなるが、一方でそのような生活態度はあらゆる未知を避けることにつながるため、恋愛をリスクと見なして避けるときのような生の不全状況をもたらすだろう。

計画にしたがって生きるかぎり大なり小なりこのような逆説は免れない、と私は考えているのだが、それもまた探検をつうじて学んだことだった。いつしか私は探検や冒険を計画し、その計画達成をめざす行為に虚無を感じるようになったのである。

探検や冒険は一般的に地理的な移動行為なので、地図をもたずに山に登る、というようなことでもしないかぎり最終目的地が決まっていることが多い。典型的なのは登山で、登山というのは山頂という至高の目標が決まっており、とにかく頂上を落とすことがその行動の根幹にすえられている。あるいは北極点や南極点のような明確なゴールをめざす冒険旅行のようなものも同じ、目的地到達という達成をえるためにすべての準備活動や、途中の行動はその最終目的のために集約される。

するとどういうことがおきるかというと、途中のプロセスから意味が欠落してしまうという現象がおきる。つまり途中の過程でおきる出来事や風景が、行動者にとって本質的なものではないので切り捨てられる、との結果をまねくのである。

なぜそのようなことがおきるかというと、このような到達が最優先される冒険行動では、何はともあれ目先の合理性が最優先されるからである。

山にしろ極地にしろむき出しの自然環境のなかで活動するのは簡単ではない。そのきびしい環境のなかで自分の力を限界まで発揮するのが、登山家や冒険家が試みたいことだから、普通は計画もぎりぎりなものとなり、いろいろな条件がうまくはまれば何とか到達できるかな、といったラインで目的地を設定する。だから用意する食料や燃料に余裕などない。余計なものをもっていけばそれだけ装備が重たくなり、行動の足枷《あしかせ》となり、目的地にとどかなくなるかもしれないのだから、必要最低限、これだけもっていけばなんとか死なないかな、といった量しかもちこむことができない。日数に余裕がない以上、無駄なことをやっている暇などなく、おのずと行動には合理性がもとめられる。日々、効率的に行動しなければならないので、ライン取りは当然、無駄のない直線的なものが好ましいとされる。登山において美しい登攀ラインとは、ぐねぐね余計なところを曲がったライン取りではなく、山頂まで真っ直ぐ引かれたライン取りのことであり、極地探検でも計画段階でもっとも無駄のない線が直線的に引かれる。

そして現場の行動もできるかぎり事前にこしらえた直線的な計画にしたがったほうが効率的になる。もちろん登山や冒険の現場は自然のど真ん中なので何がおきるかわからず、嵐なども少なからず発生し、その意味でカオスであり、舞台は渾沌とした真の現実そのものだといえる。だが、こうした自然の渾沌は不確実である、ということでもあるので、これにいちいちつきあっていると目標地点に到達できなくなる可能性が高い。一日二十キロの距離を歩けば目的地に到達する、という計算で事前の計画がたてられていれば、そのノルマをこなさなければ目的地にたどりつけないのである。

しかし見方をかえると、これは、計画にしたがうかぎり到達できるということでもある。だから計画にしたがうことがもっとも確実で合理的ということになり、多少の嵐でも無理して突進するし、乱氷帯のような面倒な箇所が出てきても頑張って直進する。つまり、目の前にどんな無秩序が顔を出しても、何か面白い出来事や事象が発生しても、それにかまっているとノルマを達成できなくなるので無視する、無かったことにする、ひたすら計画どおりに進むのが達成への近道、という態度をとりがちになる。到達という結果だけで考えれば、目の前にあらわれた真の現実にしたがうのではなく、その現実を、事前の計画に無理矢理適合させたほうが合理的になるのである。

到達至上主義ともいうべき近代的冒険のあり方においては、行動はおおむねこのようなかたちで推移する。たしかに行動者は自然のなかで移動しているわけだから、周囲の風景を眼で視覚的にとらえながら移動するし、二本の脚で大地を踏みしめて前に進む。そのことにまちがいはない。だがそのことが必ずしも、風景や土地が行動者の世界のなかで本質的な存在としてたちあらわれている、ということを意味するわけではない。風景を見ているといっても、その風景は単に行動者の網膜に映像としてうつっているだけで、土地のほうもただそこを通過するだけ、足の裏の皮膚で接触しているにすぎない、ということになりかねない。

たとえばギリギリの日数で極地を前進する旅行者が、左手前方二キロ先の海上で昼寝する海豹《アザラシ》を視認したとする。このとき極地旅行者がどのような態度をとるかといえば、「あ、あんなところに海豹らしき影がある」と声に出して双眼鏡で確認するぐらいのことはするかもしれないが、おそらくはそのまま無視してすぐに計画どおりの方角にむかって前進を再開するだろう。海豹を獲れれば大量の肉が手にはいり、ここ二週間ほど苦しめられている飢餓感を癒せることができ、日程に余裕が出るにもかかわらず、たぶん彼が海豹を狩猟するという選択をとることはない。なぜなら海豹のいる方角は自分の進む方角とズレており、失敗すれば狙撃に費やした体力や時間を無駄に浪費することになるからだ。ゴールに到達するということだけを考えたらそんな無駄なことをするより、たとえ空腹に耐えなければならないとしても、忠実に一日あたりのノルマを守りさえすれば計算上はたどりつくのだから合理的だ。だから海豹は無視する、とこのような思考になる。つまり目的到達を最優先する計画的行動は、途中の風景や土地や事件、出来事と、行動者とのあいだに本質的な関わりが生じさせない構造になっている。

本質的な関わりにより生じるもの、それは制御不能な他者との関わりのなかから出来《しゅったい》する自己超出的で生成的なものであり、登山や冒険の場合であれば、それは行動の途中に出現する風景や土地、あるいはなんらかの事件、出来事などである。これらはその場に行かなければわからない、という意味で先の読めない無秩序な現実なのだが、計画的到達行動ではこれらとの本質的な関わりを避けようとするので、計画以上のものは生まれない。計画し、それに成功しても、最大限到達できるのは、事前に計画した目標地点までだ。構造上、現実の行動が計画以上のものとなることは望めず、目の前にあらわれる予期せぬ風景や土地に組みこまれ、こちら側の計画が変更を余儀なくされ、いざ出発してみたら考えていたところとは全然ちがうところにやってきてしまったよ、というような変状のダイナミズムは生じえない。

どこかに到達することを至上なものとする行動のかたちに、いつしかこうした虚無感をおぼえるようになった私は、おのずと、これとは対極な行動原理で探検活動を模索するようになった。

その行動原理というのが漂泊だ。漂泊とは流れさすらうこと。目的地を決めるのではなく、今目の前に生じる事象や出来事、あるいはそこに姿をあらわした他者、動物など生ける主体に巻きこまれ、その関わりのなかから新しい未来が生じる、そうした時間の流れに身を置くことである。ゴールという未来にこしらえられた一点にむかって直線的に現在が従属するのではなく、あくまで今目の前でおきることに組みこまれ、その都度ごとに予定とは全然別の未来が開闢されていく、そんな生成的で流動的な変化のダイナミズムにより自分自身が押し流されてゆく状態である。

今不意におきる偶然に積極的に身をさらし、それに組みこまれることで、つねに自己変容するような旅のかたち、計画というものがあるとしても、それが〈今目の前〉の結果によって次々と塗り替えられていくような行動の支配原理、それが私の考える漂泊だ。

いつから漂泊という行動原理を模索するようになったのか、と考えると、今となっては判然としないのだが、たとえば日高山脈地図無し登山などはそのひとつのあらわれだったし、また北極における極夜の探検も、今思えば漂泊的なものをめざした試みだったといえる。というのも、極夜を深く洞察するには、いかに極夜の不条理さに自分自身がふりまわされるか、それ次第というところがあり、その意味で活動の成功はどれだけ漂泊的に旅ができるかにかかっていたからである。

そして、この極夜の探検が終わったときに、私の内部ではさらなる漂泊的な手法が次なる主題として浮かびあがってきた。その手法は、極夜探検よりも、より根源的に漂泊的だった。

どういうことかといえば、たとえば極夜探検の漂泊性は、漂泊的であるかどうかという核心の部分が、極夜という自分の外側にある現象にかかっていた。つまり自分の内側ではなく外側たる極夜が渾沌としているからその探検は漂泊的になるわけで、もし極夜以外の場所というか時期に同じことをやっても、それは漂泊にならないという限界をかかえていたわけだ。ところが、この極夜探検のあとに思い浮かんだ主題というのは、いつ、どこで、誰がやっても漂泊にしかならない。その手法そのものがそもそも存在論的に漂泊的なので、そのやり方で旅をしたらその時点で未来予期は通じず、誰がどこでやってもつねに混沌とした真の現実と触れあうことになる、という完全さがあったのである。

その漂泊的手法というのが狩猟だった。

5

狩猟で旅をすれば、その時点で漂泊になる。狩猟者というのは宿命的に漂泊者であり、その存在のあり方は根本的に計画的到達行動とは対極的である。というのも、狩猟者は、計画的到達行動とはまったくことなる時間の流れ方に身をおくからである。

どういうことか。登山や極点旅行のような場合、目指すべき絶対的なゴールが決まっており、それは揺るがない、至高の目的地であるわけだから、設定された到着予定日から起算され、逆算、逆算で全行程の予定がきまってゆく。実際の行動も、可能なかぎり事前の計算どおりにうごかないと達成はおぼつかないので、計画から外れないように留意する。結果、なるべく無駄のないように行動しようという心理状態を生みだし、海豹があらわれても無視して直進するみたいな、目の前の突発的な出来事と関わらないようにする態度につながる。では、これがどういうことを意味するかといえば、到着目標日という最終期日にむかって現在という時間が従属してしまうということである。極端なことをいえば、現在という時間が未来の目標にむけた消化試合の様相を呈し、ある意味、死ぬ。

何も難しいことを言っているわけではなく、このような時間の流れ方は基本的に現代の文明生活者の時間の流れ方とまったく同じだといってよい。

　私は今、本の原稿を書いている。この本の出版には予算がついているので、刊行の区切りが決まっていて、年末には脱稿しなければならない。そればかりか今年（二〇二〇年）はコロナ禍の影響で北極行への旅立ちを例年より早くする必要があり、遅くても十月中には原稿を仕上げなければならない状況だ。今は八月二十二日、嗚呼もう時間がない。どうしよう。こんな企画引き受けるんじゃなかった、などとやや悔やみつつ、しかしもうスケジュールはパンパンで、もはや、かぎられた時間を無駄なく効率的につかわなければ事前に予定された成果をあげられない状況とあいなっている。だから私は脱稿予定日にむかって、一日最低原稿用紙十枚以上というノルマを課し、日々粛々とこれをこなしている。ノルマを達成しなければならないので、私は不意に湧きおこる目の前の現実に没入できない。実際、今日は快晴で夏の黄金の日射しが窓越しにそそいでおり、娘と一緒にカヤックで近くの島に行きスノーケリングなどしたい衝動にかられるのだが、そんなことをしていては出版がおぼつかないので、心ならずも断念する。あるいは唐突にエッセイの執筆、あるいはインタビューの申し込みがあったりもして、無秩序な現実が不意に顔をのぞかせるが、これらも、申し訳ないが多忙を理由にお断りし、計画優先で封印せざるをえない。こうした突発的に発生する今目の前の現実にかかずりあっていると、本の出版という至高の目的地に到達できなくなるので、切り捨てるよりほかなくなる。

　と、こうしてみれば、手帳に予定をかきこみ日々を管理する現代人の時間の流れ方は、基本的に登山や極点旅行のような計画的到達行動とまったく同じだ。至高の目標に邁進しなければならないので、目の前で生成する今現在という時間は、畢竟《ひっきょう》、未来のゴールに従属するだけのものとなりはて、非効率的とのかけ声のもと切り捨てられる。海へと誘う夏の日射しの誘惑を退け原稿を執筆する私の態度は、極点到達を優先して海豹を無視する極地旅行者の態度となんらかわるところはない。私たちは目の前で不意にたちあがる出来事から目をそらす習性をもっている。

だが狩猟者の時間はこれとはまったく反対の流れ方をする。なぜなら狩猟者は〈今目の前〉でおきることにかかずりあわないと、存在すらできない者だからである。

そもそも狩猟を前提に旅をすれば原理的に至高の目標たるゴールがなくなってしまう。たとえば橇に四十五日分の食料を積み、犬一頭を連れてシオラパルクの村を出発するとしよう。このとき、たしかにゴールは決まっていてそれは四十五日後だ。四十五日分の食料しか積んでいないのだから、それ以上になると飢えて死ぬかもしれず、それまでに帰還せねばならない、という意味では四十五日が時間的な区切りとなる。しかし、狩猟を前提としているので、このゴールには計画的到達行動ほどの意味はない。なぜなら途中で獲物がとれれば、それでえた肉を食料にしてさらに時間が延長されるからだ。輪紋海豹《ワモンアザラシ》一頭がとれれば旅の期限は二週間延び、さらに麝香牛《ジャコウウシ》一頭がとれれば今度は三週間延長、といった感じでどんどん旅の終わりは前方にしゅるしゅるとのびてゆく。理屈のうえでは獲物がとれるかぎり、いつまでたっても旅は終わらず、永久につづけることができ、旅というよりそれは生活となるだろう。

事前に至高の目的地がさだめられた計画的到達行動では終わりが区切られており、行動はそれ以上長くなりようがない。だから現在という時間は、目標たる未来の一点に従属し、死んでしまう。こういう時間の流れ方になっている。ところが狩猟前提の旅になると、途中の狩り、つまりそのときどきの現在の結果によって未来がその都度のびてゆく。未来のために現在があるのではなく、現在の結果として未来が生じる。つまり時間の流れが完全に逆流して現在中心主義となる。

時間の流れ方がかわれば、風景や土地といった途中経過にたいする関わり方も抜本的にかわる。無駄なく、効率的に直進することがもとめられる計画的到達行動では、そのとき、その場でおこる予期せぬ出来事はきりすてられる傾向があるが、狩猟漂泊ではその時々におきる偶然の出来事が、文字どおりこの世界に存在するための決定的な要件となる。

その時々の偶然というのは、狩猟の場合は獲物があらわれるかどうか、だ。恋愛が出会いという偶然性に左右されるのとおなじように、狩猟が成功するかどうかも、最終的には、その瞬間に獲物があらわれるかどうかで決まる。経験と知識によりある程度の傾向はつかめるとはいえ、そのときその場に本当に獲物があらわれるかどうか、その究極の部分はわからない。その最後の部分では神がサイコロをふる。その意味で狩猟というのは偶然の産物であり、不確実で先の読めないカオス的な真の現実に触れる行動様式である。

そして神のサイコロという賭けに勝利し、その場に獲物があらわれ首尾よく狩りに成功したとする。するとと食料が手に入り、旅の期限が、すなわち生きることのできる期限がそのぶん延長する。場合によっては想定よりも旅のスケールは大きくなり、どんどん長くなり、嗚呼こんなところまで来るつもりはなかったのにずいぶん遠くまで来てしまった、どうしよう、みたいな極限的自己超出さえもたらすかもしれない。目の前の出来事に決定的な意味が生じ、その先で何がおきるかわからなくなるわけだから、それは途轍もなくダイナミックな行為だ。

獲物がとれれば旅が延長され、そのぶん生きることが許される。狩りとはその意味で本源的に生が躍動する瞬間だ。今現在、目の前でおきることと深く、文字どおり生の次元で関わり、先の読めないカオスに触れることで、生の局面に新しい可能性が切り拓かれる。狩猟による旅には、こうした流動的で生成的な無限のダイナミズムがはたらく。今現在に組みこまれることで未来がどんどん更新されていくこの存在様態は、まさしく漂泊そのものというほかなく、狩猟者とは根源的に今現在を生きる漂泊者たらざるをえない。

6

さて、ここまで長々と自分自身の探検の経験と、そこから導き出されたきわめて私的な認識論的世界観を開陳してきたわけだが、なぜそんなことを縷々《るる》書いたのかというと、これがイヌイットのナルホイヤ的世界観と通底しているからである。

今述べたような論をふまえて、あらためてイヌイットのナルホイヤという言葉について考えると、どのようなことがいえるか。

ナルホイヤとは〈わからない〉、あるいは本多勝一の解釈にしたがえば〈なんともいえんね〉という意味であった。しかし、これは単なるわからないという現実諦念《ていねん》の態度では、おそらくない。なぜなら彼らは狩猟者であり、そうである以上、漂泊的心性の持ち主でもあるはずであるからである。

ここまで縷々と書いてきたように、狩猟者＝漂泊者は計画的到達行動とはちがって、計画という未来予期に生きるのではなく、獲物があらわれるかどうかという偶然性に、つまり〈今目の前〉の現実に組みこまれて生きる者のことだ。である以上、このナルホイヤも彼らのそうした精神文化のなかで読み解かれなければならない。つまりナルホイヤとは、未来というのは謎であり本源的に予期できるものではない、人はすべからく今という時間のなかで生きなければならない存在なのだ、という積極的な意味での〈わからない〉だと思われるのである。

そう考えると、本多勝一の議論はいささか本末転倒なのではないか、との印象をうける。

本多勝一の理解は、アーマイつまりナルホイヤは〈なんともいえんね〉という意味であり、彼らの生の哲学は白夜（極夜）という夜（昼）のない一元的世界と、どこまでも雪原がつづく世界一単調な自然環境に由来する、というものだった。夜や昼という一日の区切りがないためくりかえしという現象がおきず、白夜になると月の満ち欠けも存在しないわけだから暦も発達しない。こうした自然環境では数の観念が育ちようもなく、それが計画性の欠如につながり、冬を越すためにはカリブーがあと何頭必要だという考え方にならないので、結果、大飢餓を引きおこす、とこういう議論である。

しかし私の感覚だと、計画性が育たないのは彼らが狩猟者であり、獲物がとれるかどうか、という今現在に存在を組みこまれている者だからではないのか、という気がする。われわれのような現代人は先の読めない渾沌のなかで生きるのは不安で仕方がない。なので未来予期によって現実を仮象につくりかえるが、狩猟者は獲物がとれるかどうかという無秩序のなかに生きざるをえず、未来予期には従わない。従いたくても従えない。獲物があらわれるかどうかは予期できず、計画しても意味がないからだ。ゆえに仮象はこしらえず、あくまで渾沌たる真の現実の内部で踏ん張って生きる、という生活態度をうみだす。未来予期が生じないわけだから計画性も生じず、明日のことは「ナルホイヤ」なのである。

となると、本多がいう、彼らに計画性を身につけさせるために数や計算式を教育する必要がある、という主張は成り立たないことになる。そもそも彼らに数や計算式を教えたところで、狩猟者であるかぎりは計画的な発想につながらないからだ。

実際、すでに消費文明がおしよせた現在のシオラパルクでは数の観念がなければ生活できないし、年配の人だってある程度の計算はできるようになった。政府による社会政策で最終的な生活保護をうけているので飢餓が発生することも考えられない。しかし、だからといってナルホイヤ的哲学が放棄され、彼らが計画性のなかで生きているかといえば、そんなことは全然なくて、日々、ナルホイヤ、アンマカと未来を確定的に断定することを避けるのである。

私に言わせれば、彼らはむしろ、未来を計画的に見通してはいけない、というふうに考えているのではないかと思える。ナルホイヤとは諦念という受動的なものではなく、未来を計画してはならず、現在のなかに生きなければならない、ナルホイヤでなければならぬ、との積極的道徳哲学なのであり、それが彼ら独特の誇りにつながり、自負の源泉ともなっているように思える。

モラルとしてのナルホイヤ

1

狩猟者は存在論的に漂泊者であり、その世界観を表現した一言が〈ナルホイヤ〉だ。

これまで述べたとおり、ナルホイヤは〈わからない〉あるいは〈なんともいえんね〉という意味であるが、これはただ単に諦念《ていねん》をあらわしたことばではない。もっと積極的な彼らなりの生きるためのモラルを表現した言葉である。

どういうことかというと、たとえばプラットにやってきたイラングアに私は「明日の天気はどう？ラジオでは何と言ってた？」と訊き、イラングアが「ナルホイヤ」と言うとする。このナルホイヤには〈わからない〉という意味のほかに〈お前は未来のことを訊きたがるが、今、未来のことを聞いても意味がない。そのような質問をするお前はアホではないか。そんなことは訊くな〉という裏の意味がこめられているのである。

このナルホイヤをもっと厳密に解釈すれば、つぎのようになるだろう。

角幡、お前は明日の天気を気にしている。もし俺が、明日の天気はたぶん晴れだといえば、お前はその俺の言葉を根拠に明日犬橇《いぬぞり》に出よう、などと計画をたてるだろう。だがそれは未来予期のなかで生きることにほかならず、カオスたる真の現実のなかで生きることにならない。真の現実をあるがままに受け止めるには、未来予期をもとに計画をたててはならないのだ。計画をたてようというお前の考え方は誤っており、やめたほうがいい――。

つまりナルホイヤという言葉は、先のよめない渾沌とした大自然のなかに生きる彼らの生活態度があらわれた言葉だというだけでなく、もっと積極的に私たちのように未来予期に生きる世界観を否定する言葉でもある。

私たち未来予期型の人間が、彼らと何か明日の約束でもしようとして「ナルホイヤ」とか「アンマカ」とか言われて、実際に翌日、その約束が履行されないと、どうしても〈嗚呼、やっぱりこいつらはいい加減なやつだ〉とか〈全然あてにならず困ったことだ〉などと思い、見下しがちだが、彼らからすれば事情はまったく逆で、〈嗚呼、こいつらはまた現状をもとに未来予期して計画などして、困ったことだ〉とか〈明日のことは明日の状況を見て判断するしかないのに頭の悪いやつだ〉などと私たちのことを見下しているにちがいないのである。

実際にこうしたナルホイヤ的思考回路は彼らの知恵にたいする絶対的信頼と、民族的誇りを生みだしている。そのような意味でナルホイヤは生き方のモラルになっている。実際、村人と会話をしていると、日常的にナルホイヤとはモラルなのだと実感されることばかりだ。

昨年春にこんなことがあった。

シオラパルクは日本人とゆかりの深い村で、エスキモーになった日本人こと大島育雄さんが四十年以上暮らしているほか、山崎哲秀さんという犬橇探検家も毎年やってきて、冬から春にかけての半年間、犬の訓練や気象観測にあけくれている、ということは前にちょっと書いた。山崎さんは私がシオラパルクに行くきっかけをつくってくれた人であり、年齢も十歳程度しか離れていない、いわば兄貴分なので、私は毎日のように彼の借家を訪れ、世間話をしたりネット回線を借りたりしている。

その山崎さんと二月に一緒に犬橇でケケッタという集落に行くことになった。

ケケッタはカナックから東に六十キロほど先にある、シオラパルクと同じぐらいの小さな集落である。広大なフィヨルドのどん突きにあり、水深の深い海ではオヒョウがよく釣れる。オヒョウは寿司ネタのエンガワにつかわれる魚で、刺身にしたら旨いし、犬の餌にもなるので、私はケケッタの前に一週間ほどテントをはってオヒョウの延縄《はえなわ》漁をすることにした。ちょうど同じ頃、山崎さんも犬の訓練のためにケケッタに行くというので、じゃあ一緒に行きましょうや、と話がまとまったわけである。犬橇をはじめて二年目だったが、山崎さんとは一緒に犬橇を走らせたことはまだなかったし、そればかりかほかの犬橇と二台でランデブー走行したことがなかったので、私はその日をとても楽しみにしていた。

ところが出発当日の午前中に私の家にやって来たのは山崎さんではなくウーマだった。

ウーマというのは私が一番親しくしているヌカッピアングアの息子で、イラングアの弟である。年齢は二十代なかほど、顔立ちの整ったなかなかのイケメンで、アニマガイアという元彼女（妻?）との間にカーリーナというまるまると肥満した七歳の娘がいる。じつは私の借家に一番遊びにくるのがウーマで、彼はほぼ毎日プラットに来る、というか、二回も三回も来る日もあり、そのたびにコーヒーで歓待せねばならず、仕事にならなくて困るほどで、じつは村で私が一番顔を突きあわせている人物がこのウーマなのである。

そのウーマが朝方やってきた。そして開口一番、「窓の外を確認したか？」と訊いてきた。出発の準備をととのえようとしていた私は、その一言で何がおきたか、おおよその察しはついた。

「いや、見てない……」と私が答えると、ウーマはたたみかけてきた。

「どうして確認しないんだ？　双眼鏡でカギャの岬を見てみなよ」

カギャの岬というのは村の対岸に位置する半島の岬で、カナックにむかうときはこの岬の沖の海氷をまわりこんでゆく。双眼鏡をのぞくと案の定、岬の手前の海が黒ずんでいる。海氷がずたずたに割れて海が開いてしまっているということだ。

「岬の手前が黒くなっている。氷が割れて流れてしまったんだ。どうしてケケッタに出発する日だというのに氷を確認しないんだ。角幡は頭が悪い。本当に頭が悪い」

ウーマは「イッディ・ニヤコ・アヨッポ（お前は・頭が・悪い）」とひたすら私を罵倒した。厳寒の地で生き抜いてきた彼らにとって死につながる最も致命的な人格的欠陥は、肉体的に弱いことではなく、知恵や創意工夫を働かせないことである。それを言表する言葉が「ニヤコ・アヨッポ（頭が悪い）」であり、これはイヌイットにとって相手を最大級に貶めるときにつかう言葉だ。

村にいると外国人である私は、誰彼となくニヤコ・アヨッポと馬鹿にされることが常なので、正直慣れっこになっているが、さすがに二十歳も年下の若造から「お前は馬鹿だ」と連発されると頭にくる。

私がムスッとしていると、ウーマが訊いてきた。

「今日はどうするんだ？　山崎はもう行かないって言ってたぞ」

「俺は行くよ。せっかく延縄の仕掛けもつくったし。海氷が割れてもカイグウ（定着氷）からまわれば行けるから」

「今はカイグウの状態が悪い。雪がなくてつるつるだから犬橇で越えるのは大変だよ。海に落ちて死ぬかもしれん」

「大丈夫だよ。アンマカ」

ウーマはコーヒーを飲んだ後、「カクハタ・ニヤコ・アヨッポ」とぶつぶつ言いながら家を出ていった。私も聖人君子ではないので、正直このときの彼の言動には苛立ちをおぼえた。はっきり言って双眼鏡で岬の海氷をチェックしようとすまいと、現実として岬の氷は割れているわけで、その結果はかわらない。しかも割れたところで定着氷を通ってケケッタに向かうわけだから、私のとる行動も同じだ。

氷の状態を確認しなかったことそれ自体とれば、罵倒の対象となるほど致命的ミスだとはいえない。

しかし同時に彼がこれほど呆れた理由もよくわかった。

なぜ、ウーマがこれほど私に雑言をあびせたのか。それは私がナルホイヤ的態度で世界とむきあっていなかったからである。

つまりこういうことだ。

私が山崎さんと犬橇でケケッタに行こうと〈計画〉したのは昨日だ。その時点でカギャの岬の氷は割れていなかった。もちろん氷の状態は日々、私たちの関心事である。とくに近年は温暖化で海水温が上昇しているせいか、沖からうねりがはいっただけで亀裂がはいり、一発で流出してしまうことが多い。とくにカギャなど半島の岬は海流がつよく真っ先に壊れる危険ポイントだ。もちろんこれはシオラパルクにいたらいわば常識なので、私も山崎さんも氷の状態にはつねに注意を払っていた。そして昨日の時点でカギャの氷は大丈夫だったし、さらに天気予報を聞いても風やうねりが強まることはなさそうだった。だから明日は大丈夫と判断し、予定どおり出発のつもりで寝床にはいった。朝、目を覚ました私は、いつもの習慣から、その前日たてた〈計画〉どおり準備をはじめた。頭のなかもいつもの慣習どおり前日の〈計画〉にしたがったままだったので、カギャの氷も前日の想定どおり大丈夫だととくに意識せぬまま判断しており、結果、双眼鏡で〈今目の前〉の氷の状態を見ないという失態をおかした。

ウーマが「ニヤコ・アヨッポ」と指摘するのは、双眼鏡によるチェックを怠ったことそのこと自体ではなく、むしろ過去の〈計画〉に安住し〈今目の前〉の現在を無視した、このような私の思考のあり方、世界との向きあい方なのである。

もし私がナルホイヤ的思考で世界をみていたら、決してこのような愚はおかさなかったはずだ。自然というのはどのように変化するか先のよめないカオスである。渾沌である。それが自然であり真の現実である。だから、いくら前日の氷の状態がよく、天気予報で強風は吹かないといっても、それは所詮、前日時点の予期にすぎず、唐突に嵐がくるかもしれないし、私の心臓が止まるなんてこともあるかもしれない。それが真の現実だ。実際、カギャの氷は予期に反してうねりで崩壊したのだから。

人は予期ではなく、この真の現実に組みしたがって判断し、生きなければならない。これがナルホイヤ的思考の要諦である。これにしたがうなら、いくら昨日の氷の状態がよくても、そんなものは今となっては無きにひとしいので、あらためて岬の状態を確認しなければならない。つねにそのときの状況にしたがって柔軟に次の行動を考えなければならず、以前の〈計画〉に固執することはゆるされない。しかし生まれてこのかた、四十四年間もの長きにわたり近代的な思考回路に侵されてきた私は、事前にこしらえた〈計画〉越しに〈今目の前〉を見ることが習性となっており、この日も無自覚のまま前日の〈計画〉のなかに生き、つい自動的に行くことを前提に準備をはじめ、結果、〈今目の前〉の現実を無視することにつながったのだ。ウーマがニヤコ・アヨッポを連発することで罵倒したのは、私のこういう部分である。

もしこのような態度でずっと旅をつづけたらどうなるか。事前の〈計画〉にからめとられた思考と態度で一カ月も二カ月も人跡未踏の氷原を旅すれば、目の前の現実を無視し、致命的な判断の誤りにつながり、それが深刻な事態をまねくかもしれない。人間界から遠くはなれた僻遠《へきえん》の地で、それは死につながる決定的ミスとなるかもしれない。これは極地で生きる民族として、あるいは極地旅行者としての資格にかかわる問題だ。恥ずかしいことだ。ウーマの批判の要諦はここにある。

だから、ウーマに罵倒されて頭にきたことはまちがいないが、同時にこのことも瞬時に理解されたので、私は、自分には北極を旅する決定的資質が欠けているのではないか、と内心いたく恥じいりもした。彼の批判は正当である。ぐうの音も出ない。事前の〈計画〉を優先して目の前の現実を切り捨ててしまうことは、イヌイット的にはじつに恥ずべき愚挙なのである。

〈計画〉のなかに生きるのではなく、〈今目の前〉の現実にくみこまれて生きること。これが狩猟民的思考であるナルホイヤの教えるところである。ナルホイヤとかアンマカという言葉を発することで、彼らは、物事の不確定さをそのまま温存する。無秩序な現実を謙虚に無秩序なものと認め、ひとまず〈わからない〉とカッコにいれておく。未来予期せず、存立確保のないまま、不安で覚束《おぼつか》ない現況を受けとめ、そして無秩序のなかに飛びこむ。そうやって世界とむきあうということだ。

そう考えるとこれは恐ろしい生活態度であるが、正しい判断は現実をあるがままに直視することによってしか得られないという意味では崇高な哲学でもある。私たちが普段、無自覚にしたがう〈計画〉とは、本来、不確定で読めない現実を、確定的でわかるということにしておこうと、いわば仮象に変質させたうえで取りあつかうことだ。それだけに〈計画〉と現実とのあいだにギャップが生じると、現実を無視して〈計画〉のほうを強引におしとおすという過ちを生みだす。ナルホイヤが戒《いまし》めるのは、現実より自己都合を優先させた〈計画〉がもつこの傲慢なのである。

ナルホイヤ的態度は謙虚さのあらわれだ。自然を前にしたとき、人はかならずナルホイヤといって自然の無秩序さの前で一度立ち止まり、それを受けとめなくてはならない。

ナルホイヤと似たような言いまわしとして〈ヒダ・ナーラガー〉というのもある。〈ナーラガー〉というのは面白い単語で、広く方針を決定する者をさす言葉だ。たとえば〈ヌリアック・ナーラガー〉といえば〈ヌリアック〉は妻のことなので、妻が方針決定者、すなわちかかあ天下という意味になる。

「角幡はどうして家で犬を飼わないんだ?」

「妻が反対しているんだ。ヌリアック・ナーラガー」

などというふうにつかうと、家庭内で妻の力が強いのは万国共通のようで、村のおっさんもニヤッと笑う。

また村人と橇を一緒につくっていて施工の段取りや形状について意見がわかれると、「イッディ・ナーラガー」(お前が決めろ)などというし、あるいはコミュニティ全体の方針決定者という意味で政府もナーラガーで表現される。

で、〈ヒダ・ナーラガー〉だが、ヒダは外や天気をあらわす言葉なので、これは天気こそ方針決定者だ、という意味である。つまり日本語でいうところの〈お天気次第〉〈天気には逆らえない〉と似た言い回しと解することができる。しかしイヌイットと会話している者の感覚として、彼らの〈ヒダ・ナーラガー〉と日本人の〈天気には逆らえない〉とでは意味合いがかなりちがうとも感じる。

日本人が〈天気には逆らえない〉と表現するのがどういうときかというと、なんとか一日天気がもつんじゃないか、との予期をもってキャンプを計画したところ、それに反して土砂降りとなり撤収を余儀なくされたときなどに「まあ、しょうがないね。天気には逆らえん」などという。われわれは色々な情報を検索してそれをもとに予期し、計画する。その計画はときに、カオスたる自然の前に撤回を余儀なくされることがある。そしてその先の読めない天気というものにたいして、自らの力がおよばないことを認め、ある種の不条理さを感じつつ、しかしあがいてもしょうがない、みたいな心境になり、その境涯をこのような言葉で表現する。これは天気という、最終的には人間の手には制御できない自然を相手にしたときにその現況を認めた言葉であり、その意味で諦念や無常観をしめすものだといえる。

しかし、〈ヒダ・ナーラガー〉にはおそらくもっと積極的で踏みこんだ意味合いがあるように思える。というのも、カオスたる自然の現況を目の前に無常を感じるだけではなく、行動判断の指針となっているフシがあるからだ。というのは、たとえば私が「明日は風が吹くのだろうか」などと翌日の天気を気にした時点で、彼らはかならず「ナルホイヤ。ヒダ・ナーラガー」と言うのだが、このとき彼らは〈ヒダ〉つまり天気をある種の超越者としてもちだし、未来を予期して明日のことを計画しようという私の思考を、その〈ヒダ〉の名のもとに戒める。明日のことは明日の天気を見て判断しなければならず、今の予期をもとに明日のことを計画してしまうと本来の判断が狂うからやめろ。彼らが〈ヒダ・ナーラガー〉というときは、その裏にはこのような行動指針となるべき道徳がひそんでいる。

余談になるが、先ほどのウーマとのやり取りの後に、何がおきたのかについて話を進めておこう。じつはちょっと面白い事件が発生したのである。

先ほど書いたようにカギャの氷は割れていたのだが、結局、私は予定どおり定着氷から岬を越えてケケッタにむかうことにした。

定着氷というのは潮の干満差により海岸にできる氷のことだ。海が満潮から干潮にむかうと潮位は低くなっていき、岸では濡れた地面が露出し、まもなく凍りつく。干満は一日二度、毎日くりかえされるわけだから、岸の氷は日々成長して厚みを増してゆき、やがて道のような氷の帯が形成される。これが定着氷、潮の干満で上下する海氷とちがって岸にべったりとくっついた不動の氷である。定着氷の幅は場所によって異なり、高規格道路みたいに二十メートルもの幅で真っ平らになるところもあれば、一メートルぐらいしかない場所、あるいは崩れてなくなっているところもある。

その日、村を出発した私はフィヨルドの海氷を突っ切って対岸の定着氷に乗りあがった。

この冬は全体的に雪が少なく、海氷もおしなべてツルツルだったが、定着氷はそれにも増して裸氷がむき出しで、スケートリンクと同じような状態だった。ツルツルの氷で犬橇に乗るとスピードが出過ぎて危険である。ましてや定着氷は幅が五〜十メートルほどしかなく、そのまま走らせると時速二十キロ以上という犬橇的には猛烈ともいえる速さで突き進むこととなり、海に水没するか、脇の岩に激突して停止するのを待つしかない、という状態となりほとんど自殺行為である。なにしろツルツルな氷で速度が出ると、犬にも自分たちの突進を止められなくなるのだ。なのでこういう状況の場合、あらかじめチェーンや太縄のブレーキを橇にかけるか、犬の引綱を首に巻きつけ、犬が前進しようとすると首が締まるように対策しなければならない。

私は四頭の犬の引綱を首にまきつけ、十二頭体制を事実上の八頭体制にしたうえ、金属のチェーンブレーキをかけて速度を十分におとしてじわじわ進んだ。

定着氷は場所によって状態のいいところ、悪いところと傾向はあるが、発達具合は年によってちがうので実際にどうなのかは行ってみなければわからない。岬のような潮流の強い場所は概して定着氷の発達が悪く、完全に切れ落ちてしまっていることも少なくない。この冬のカギャの岬の定着氷の状態は悪く、ほとんど切れ落ちていた。陸地側の雪の斜面を登り気味に迂回して突破しようとしたが、橇は重く、すぐ横で口を開く海水に滑り落ちていきそうになる。犬を後ろから叱咤《しった》し、どうにか越えたものの、その後も定着氷の状態は良くならず、ゆっくり慎重に進ませる必要があった。前年は真っ平らで良好だったのに、この冬はいたるところで氷塊がつき出しており、右、左とひっきりなしに指示を出しながら避けないといけない。とくに海によりすぎると落水の危険があるので、そのたびに「ハゴ（左）！」と指示を出し、斜面側に犬を寄せた。

そして岬を越えてまもなく悪場を越えようというあたりで、それはおきた。目の前に直径一メートルほどの氷塊が定着氷から突き出しているのを確認した私は、これを避けようと「アチョ（右）！」の指示をだした。しかし犬たちは右に行かず、左のラインをキープしようとする。というのも斜面の麓には雪が付着しており、犬にとってはツルツル氷のうえを行くより走りやすいからである。しかしそのまま行くと氷に激突するのは必至、私は「右に行け！　右だあっ！」と狂ったように喚き散らして鞭を振るった。そのときだった。気づくと橇のうえに一メートルほどの巨大な雪のブロックが大量に押しよせている。すでに私の身体は雪塊に取りかこまれる渦中にある。左の斜面を見やるとその表層にはメロンの皮のような亀裂が入って、全崩壊をおこし、私は今にも雪崩にのみこまれようとしていた。

反射的に私は橇から定着氷に飛び降りて海のほうに駆けた。それと同時に大量のブロックが橇にのりあがり、押し流し、かつ押しつぶした。幸いなことに犬も私もブロックの流下から逃れ大事にはいたらなかったが、橇の片方のランナー材が完璧に真っ二つにひしゃげて使い物にならなくなってしまった。

しばし茫然とした後、気を取り直してテントをたてて犬を繋留《けいりゅう》し、それから橇を掘りおこして応急修理をほどこした。修理はうまく行き、翌日村にもどり事なきをえたが、しかしこんなところで雪崩に遭うなど完全に想定の範囲外であった。

なぜ雪崩がおきたのか。裸氷のうえでチェーンをかけていたので、ゴゴゴという轟音と振動をたてて橇は進んでいた。その振動音か、あるいは直前に私が発した「右に行け！」という喚き声か、どちらかの音が反響して雪崩を誘発したのはまちがいない。美しいほど完璧な乾雪表層雪崩である。

北極の旅では氷の踏み抜きやクレバスの落下など危険はつきものだが、しかし雪崩は通常そこにふくまれていない。村人からも注意を受けたことなどなかった。大島さんにこの事件を話すと「四十年以上この村に住んでいるけど雪崩に巻き込まれた奴なんて聞いたことない」と驚いていたが、それぐらい滅多におきることではないのである。

結局、この事故でオヒョウ釣りは中止、その後、カナックに木材を買い出しに出かけ、一週間ほど本格修理におわれた。ウーマもまさかこのような事態を見越して私を諌《いさ》めたわけではないだろうが、結果として無理矢理出発したことで、私は正真正銘ナルホイヤな出来事に遭遇してしまったのだった。

2

計画をたて、その計画どおり物事をすすめて、順調にそれが進行すれば、あたり前であるが計画したとおりの成果がえられることになる。だから結果をのこすことを最優先するかぎり、計画どおりに物事がすすむと安心だ。それが結果への近道だからである。これがわれわれの思考回路に根深く巣くう未来予期にもとづく計画的思考回路だ。しかしこれがあたり前になると計画をたてた時点でそれに安住してしまい、目の前の現実を直視しないという愚挙をおかしがちになる。今日はちょっと嵐だけど停滞したら計画どおりに進まないので無理やり出発しよう、みたいな感じである。

その意味で、われわれは計画のなかに生きているのであって、真の現実に没入して、それを経験できているわけではない。現実はカオスなので、かならずしも計画どおりに進行するわけではない。それなのに、計画をたてた時点でわれわれはその計画に存在まるごと絡めとられてしまい、目の前の新しい現実を無視したり、計画とはことなる現実を無理やり計画に適合させて辻褄をあわせる、みたいなことをしがちになる。

イヌイットが「ナルホイヤ」のひと言で否定しさるのは、こうした計画的思考である。彼らは狩猟民なので、最終的に獲物があらわれるかどうかという偶然性に未来がかかっており、存在論的に計画的に物事をとらえることができない生き方をしてきた。さきほど彼らはわれわれの計画的思考を〈戒める〉と書いたが、戒めるというより、そもそもなぜ計画をたてることが可能なのか、そのこと自体、彼らには理解できないことなのかもしれない。

未来を計画することはむずかしいし、そもそも無理である。こうした考え方から、彼らはあるモラルを導きだす。

彼らの生のモラルとは何か。それは、自分の頭で考えろということである。決まったやり方などない、そのときの状況に応じてやり方を柔軟に考えなきゃならん、ということだ。

あまりにありきたりで陳腐な訓戒にびっくりしたかもしれないが、たとえありきたりでもそれを徹底するのは並大抵のことではない。

先にも触れたが、彼らがもっとも誇りにする民族的美質は、肉体的な頑強さでもなければ、絶対になしとげる意志の強さや根性でもなく、現場性にもとづく創意工夫と知恵だ。

農業が不可能で、樹木も生えておらず、道具をつくるための資源といえば動物の骨と皮と筋ぐらいしかない厳寒の北極圏で、彼らが何千年にもわたり生き抜くことができたのは、固定観念にとらわれない、融通《ゆうづう》無碍《むげ》ともいえる柔軟な発想法をもっていたからである。彼らはことあるごとに頭を人差し指でさし、「俺は頭がいい」とか「俺はよく考えている」などと自慢するし、逆に自分の頭で考えないやつは阿呆であり、「ニヤコ・アヨッポ」のひと言で存在価値をまるごと否定する。物事を計画的に考えがちな私などは典型的なニヤコ・アヨッポである。

彼らが重視する現場性にもとづく知恵とは、つまるところレヴィ＝ストロースがいうところのブリコラージュの思考だといってさしつかえない。ブリコラージュとは〈ありあわせの道具材料を用いて自分の手でものをつくる〉ことであり、ブリコラージュする人（器用人）の思考法は計画的な手順をふんで作業を進めるやり方とは対照的だ。

〈器用人は多種多様の仕事をやることができる。しかしながらエンジニアとはちがって、仕事の一つ一つについて計画に即して考案され購入された材料や器具がなければ手が下せぬというようなことはない。彼の使う資材の世界は閉じている。そして「もちあわせ」、すなわちそのときそのとき限られた道具と材料の集合で何とかするというのがゲームの規則である。しかも、もちあわせの道具や材料は雑多でまとまりがない。なぜなら「もちあわせ」の内容構成は、目下の計画にも、またいかなる特定の計画にも無関係で、偶然の結果できたものだからである。〉（『野生の思考』大橋保夫訳）

ありあわせのものは、たまたまそのとき、その場にあった資材という意味で偶然の産物である。そしてイヌイットは狩りという、そのとき、その場に獲物があらわれるかどうかという偶然性のなかに生きる人びとである。狩猟民である彼らは計画的思考とは無縁であり、つねに〈今目の前〉にある状況のなかから未来を切り拓く環境のなかにいる。こうした狩猟民的な現場性が道具を製作する場面であらわれるのがブリコラージュだ。

計画的思考回路とナルホイヤ的思考回路、すなわちブリコラージュのちがいがどのようなものかは次のケースをみればわかるだろう。

ある日、ヌカッピアングアがノルウェーから来た観光客に白熊の爪をお土産に売ることにした。爪は穴をあけて紐をとおして首飾りにすることで話がまとまったが、その後、ヌカッピアングアは爪を前に、どこに穴をあけようかうーん、うーんとひたすら考えこみ、唸っている。その様子を見て逆に私はうーん、なるほど、と唸った。このささやかなシーンのなかに、ひとつのナルホイヤ的思考法があらわれているように思えたからだ。

もしわれわれのような計画的思考回路の持ち主がこの作業をおこなうとき、どのように考えるかというと、白熊の爪に穴をあけるには共通したあけるべきポイントがあり、それはどんな白熊の爪にもあてはまる、と考えるはずだ。白熊の爪の首飾りなどよくあるお土産品である。だから穴のあける場所などだいたい決まっているはずで、その場所はどの爪にも共通する。それがわかれば、すべての爪の同じ場所に穴をあけて同じような品質の首飾りを次々とつくることができる。だから重要なのは白熊の爪の首飾りに共通する穴の場所を知ることで、それを知るためにはほかの爪の首飾りをしらべればよい。

だが、これは無秩序を無秩序として受けとめるのではなく、共通項で分類して無秩序を秩序化する思考法にほかならない。なぜかというと、本来、白熊の爪は大きいのもあれば小さいのもあり、やや真っ直ぐなものもあれば、激しく曲がっているのもあるからだ。一人ひとりの人間の爪のかたちがちがうように、白熊の爪もそれぞれ形状、大きさがことなる。現実としてはこのように個別ばらばらで渾沌としているのだが、しかしこの渾沌をあるがままに受け止めていては作業効率が悪いので、白熊の爪に共通する最大公約数的な項目をとりだして〈白熊の爪〉ということでカテゴリー化してしまったほうが話がはやい。要するにこの考え方の根本には、現実を共通項で分類して、そこからはみ出した無秩序は切り落としてしまい、均質化してとらえなおそうという効率優先の思考法がある。

当然この思考法には長所があり、ひとたびカオスを均質化してとらえると個別ばらばらな爪に同じやり方が適用できるので、似た品質のものを大量生産できるようになる。作業効率が大幅に改善して生産性が高まり、社会全体が潤うだろう。人口が増えて国力が高まり戦争にも勝てるかもしれない。しかし欠点もあり、このような思考法で物事を処理してしまえば、結果的にはそのときどきの現場で考えるという個々人の試行錯誤の経験がうばわれる。これを煎じ詰めれば社会はどんどん豊かになり発展する一方、個々人の能力は劣化し、知恵が衰退し、実存も陥没し、社会の歯車となり、生きていてつまらなくなる。共通項を見つけて分類して解決する思考法は、その場で考えるという〈知恵〉よりも、共通した解決策を見つけたほうが速いという〈知識〉を優先させることにつながり、自分以外の誰かが発明した解決策を見つけて対処したほうが合理的だという習慣をつくりだすだろう。〈知恵〉ではなく〈知識〉にもとづいた解決は、たしかに全体的な効率はいいものの、イヌイット的には自分の頭で考えたものではないので、価値は低く、ニヤコ・アヨッポなのである。

イヌイットは白熊の爪をつくるときもそれをカテゴリー化しない。ヌカッピアングアがうーん、うーん唸っていたのは、その白熊の爪に、共通項でくくった〈白熊の爪〉なるカテゴリーをフィルターとしてかぶせずに、あくまで世界でただひとつしか存在しないその白熊の爪として、それと真剣に対峙していたからだ。彼はこれまでいくつもの爪の首飾りをつくってきたはずだが、その爪は、それまでのどの爪ともことなる長さや曲がり方や模様をもった、分類不可能な唯一無二の爪として、今、目の前にある。ほかの爪とちがう以上、この爪にのみ適用される最適なポイントがあるはずであり、それはこの固有の爪にはじめて接した今、考えなくてはならないことだ。これまでの穴あけ作業のやり方は通用しないので、彼は唸り、悩んでいたのだ。

もちろんこうした解決策は、すべての爪を前にいちいち悩まなくてはならず、全体的な意味での効率は悪くなるが、しかしその爪にとっての最適な場所を見つけることはできるので個別的な意味での効率はよくなる。ありあわせのものしか手に入らない環境で生きのびるために、彼らはその状況でベストの解決策を見つけるという思考法を身につけるしかなかったのである。

ナルホイヤ的思考法とは、〈わからない〉という一言で現状の無秩序を認め、そのうえで今目の前でおきた物、あるいは目の前にある素材にのみしたがい、この無秩序を解決しようとする態度のことである。今目の前でおきることは事前に未来予期できるものではなく、その意味ではたまたまそのときに生起した偶然だ。世界とは今、目の前で発生している状況のことであり、偶発事のつらなりであるという考え方こそ、ナルホイヤでいいあらわされる世界観である。だから彼らの考え方では固定観念というものが育ちにくい。

事物事象を共通項で分類し、物事を計画的に進めようとするわれわれは、モノにはそのモノに即した〈向き〉があると考える。机は机として使用しなければ机としての用はなさない。机のうえにしゃがみこんでいくら踏ん張っても机が便所として機能するわけでなく、虚しいだけだ。つまり机には机ならではの向きがあり、その向きにしたがって使用してあげなければ机は机として存在できない、という向きである。同じように鋸《のこぎり》には鋸の向きがあり、ハンマーにはハンマーの向きがある。この向きにしたがってわれわれはその道具を理解し、使用する。しかし、このような世界把握は固定観念というものを生みだすことにつながる。机には机の向きがあるから、そのように取りあつかわなければならないという固定観念だ。

ところがイヌイットのナルホイヤ的思考は、今目の前にあらわれた状況を、そのとき固有のものとしてとらえる柔軟さを本性とするため、このような固定観念から解放されている。机には机の向きなどない、というのが彼らの発想だ。なんなら鋸で切断して便所にしてしまえばいいわけだし、そのためにつかう鋸にだって鋸の向きなどない。それはただのギザギザのついた金属のプレートであるわけだから、熱して目玉焼きをつくったってかまわないのだ。

たまたま今思いだした細かなケースを紹介すると、村で皆がつかっているビクトリノックスの折り畳みナイフがある。大きさといい、角度といい傑作といっていい名品だが、唯一の欠点は、安全対策のため左手でロックを解除しないと折りたためないことだ。右手だけであつかえず、すぐにポケットにしまえないので、それが使い勝手を悪くしている。こういう場合、彼らはどうするかというと、プラスチックでできた外殻を取りはずし、内部の金属をペンチで強引に折り曲げ、ロックがかからないようにする。こうすると片手でしまえるので格段に使い勝手がよくなるわけだ（ロックをはずしたことで右手に傷を負うようなヘマは彼らはしない）。じつに簡単な対策だが、でも案外こういう発想は計画的思考にとらわれたわれわれには、なかなかわいてこない。その証拠に、同タイプのナイフのネットレビューを見ると、右手だけでしまえないことへの不満が散見される。

彼らはその場の状況にしたがって融通無碍、自由自在に発想を変化させる。かつて大島さんから聞いた言葉が印象的である。大島さんは四十年以上にわたり村で猟師として生きており、イヌイット以上にイヌイット的生活に染まった人である。一年中、海豹《アザラシ》、海象《セイウチ》を獲り、家族や犬を養い、冬をしぐための毛皮服や毛皮靴をつくり、鞣《なめ》しの専門技術を独学でマスターして毛皮商品を売ることでカネをかせいできた。今や地元イヌイットといえども専業猟師生活はほぼ不可能、技師なり販売店で働くなりして現金収入をえながら狩猟もする兼業猟師が普通であるが、大島さんは、そのような近代経済の荒波のなかでも専業猟師としての生活を守ったほとんど唯一無二の存在である。おまけに地元民以上に手先が器用で、制作も非常に丁寧なので、つくる道具は誰のものよりも美しく、機能的だ。アッパリアスを捕獲するたも網も鞭も靴も手袋も、ほかの村人が太刀打ちできないほどの逸品をつくる。

しかしその大島さんでさえ、イヌイットの柔軟な思考回路には舌をまくという。

「ぼくらはどうしても決まったやり方でモノをとらえてしまうけど、彼らはそういう考えにとらわれていないからね。壊れた鉄砲なんかも分解して適当にそのへんの金属を加工して、まがりなりにもつかえるように直すからすごいよね」

このような思考回路なので彼らは見たことのない道具を目の前にしても、またたく間に解決策を見出す。私が日本からもってきたフォールディングカヤックを組みたてようとしたときに、世話好きなイラングアとウーマの兄弟が手伝ってくれたが、彼らは大量に散らばる、見たこともないアルミフレームやプラスチックの部材を前に考えをめぐらし、その用途を推察、理解し、あっという間に骨組みをつくりあげた。あるいは同じように日本からもってきたゴムバンド付きのチェーンスパイクをどのように改良したらよいか、私が頭を悩ませているときも、ウーマがやってきて、私が考えていたよりもよさそうな改善策を提示する。

オヒョウ釣り用の延縄《はえなわ》をつくっていたときにはこんなことがあった。

延縄の先端には、潮流をうけて延縄システム全体を遠くにはこばせるための、凧のような役目をはたす一メートル大の鉄板を取りつけなければならない。私は経験豊富な村人に意見をきいて、その鉄板を横向きに取りつけるようにつくったが、ある日、イラングアがその鉄板を見て、縦向きにしたほうがいい、と正反対のことを言いだした。いやいやそれは俺の考えではなく権威ある経験者の意見なのだ、と思いつつ彼の理由を訊ねると、この鉄板の大きさと形ならたぶん縦向きのほうが潮流によく乗るからだという。

この話が印象的なのは、イラングアがオヒョウ釣りをまったくやったことがないにもかかわらず、そう断言したからだ。経験がないけれども、彼は自分の頭で考えて、知恵をしぼり、鉄板の用途と形状等から縦向きがいいと結論した。つまり鉄板は横向きにつけるべきだという固定観念にはとらわれず、今目の前にある世界でたったひとつしか存在しないその鉄板と向きあい、そう考えたのだ。

「でも××は横向きがいいと言ってたよ」と私が言うと、「ナルホイヤ。俺だったら縦向きにする」と彼は頑なにそう答えた。

経験がないという条件は同じだったにもかかわらず、私は経験豊富な村人という権威の〈知識〉をたよりにし、イラングアはその権威の意見を「ナルホイヤ」と一笑にふし、俺だったらそうすると自らの〈知恵〉に判断基準をもとめた。この差は途方もなく大きい。実際に縦向きか横向きか、どちらが機能的かが問題なのではなく、自分で考えることに無条件に価値を見出す思考の習慣が私には尊く思えたのである。

3

彼らの〈頭をつかえ〉という単純素朴ともいえる生のモラルの背後には、その簡潔な日本語表現ではおさまりきらない世界観が堂々とひかえている。それを生みだすのは、決まりきったやり方にたよると生きていけない極地の生活環境、そして最終的には偶然に運命をゆだねるほかないという狩猟者という存在論的様態だ。極地の生活では、誰しも、そのとき、その場に適した解決策を模索することが倫理としてもとめられるが、この思考回路こそイヌイットならではの誇りと個人主義を生みだす淵《えん》源《げん》である。

ここでいう誇りと個人主義とは、自分の知恵を恃《たの》むことをよしとする文化、ともいえるが、ではどうしてこのような文化が生きる誇りにつながるかといえば、それは単純な話で、彼らはそのとき、その場にあわせて、自分の頭で考えて現状を打開したり改善したりするため、その判断は、そのときの彼らだけにしかくだせない絶対固有のものとして、彼ら自身に帰属するからである。

そのときその場の状況にあわせて自分の頭で考えるということ、それは他人の知識を鵜呑みにしないということなので、その判断と自分自身との間にさえぎる壁がなくなる。だからその判断からみちびきだされる行為も、彼ら自身の内部からうみだされることになる。つまるところ人生とは判断と行為の集積だ。その判断と行為がほかではない自分の内部から生じるわけだから、彼らには自分の生を自分でつくりあげているという感覚が強い。それが生き方や世界観に誇りをもたせるのだろう。自分の頭で考えることが、存在することそのものなのである。

それにくらべて、われわれみたいに計画的に物事に対処すると、こうした生の充足や誇りは生まれにくい。

何度もくりかえすが、計画するということは、カオスたる真の現実を均質的な仮象にくみかえて、そのなかで生きる、ということなので、今目の前にある現実に完全に没入しにくい構造になっている。登山や極点旅行のように至高の目的地に到達することが絶対的な目標になると、計画どおりに進むことが効率的とされ、途中でおきる出来事や風景が捨象されがちになる。つまり事前の計画がある種の〈ひな形〉となって機能することとなり、結果、そのとき、その場かぎりの固有の判断よりも行動のひな形が判断基準となってしまう。行為が自分の内側からではなく、ひな形から生じるので、そのぶん、自分の行為との間にズレが生じ、生きることそのものへの直接的な接触感覚がうすくなる。

あらためて道具の製作のケースでこれを考えると、たとえば橇をつくるとき、われわれはまず紙に図面をひくだろう。あるいは橇みたいに、多くの人が使用して製作方法が確立しているような道具の場合、経験者に製図してもらったり、場合によっては本やネットでつくり方をしらべたりもするだろう。実際につくるときは、この設計図にしたがって材木を切りそろえ、墨をひき、形をととのえ、穴をあけ、釘を打ち、ロープでしばりつけてゆくわけだが、このさい重視されるのは設計図に厳密にしたがうことだ。木材はひとつひとつ節目や柾目《まさめ》の位置や入り方や強度がことなり、本当は白熊の爪と同じように個別ばらばらな素材なのだが、そのような〈今目の前〉のカオスたる現実につきあっているると効率が悪いので、これを捨象し、あくまで設計図どおりにつくる。設計図にしたがえばおおむね予定どおりの橇ができあがる。設計図にしたがった以上、その橇は今までほかの人がつかって大丈夫だった橇とほぼ同じなので、実績という点からも安心だ。

でも、このできあがった橇は、自分がそのとき、その場の木材の性質にむきあい、自分の頭で考えてつくった橇ではなく、事前にできた机上の設計図にしたがってつくったものでもある。この橇の根源的発生地点は自分がその場ではたらかせた〈知恵〉ではなく、設計図という均質化された〈知識〉なのだ。だから、厳密にいうとこれは自分の内側から生み出されたものではない。

冒険における計画と同じように、設計図は製作のひな形として機能し、無秩序な現実を切りすてるはたらきをする。そこから生み出された橇は、完全には自分の内側から生み出されたものではなく、大なり小なり自分とのあいだに距離をつくる。自分で図面をひいたのならその距離は小さなものですむが、他人にひいてもらえば距離は開くし、ネットにころがっている情報にしたがってひけばさらに大きくなるだろう。計画的思考にはこのような生の乖離が構造的につきまとっている。

イヌイットは図面をひかない。素材となる木材が用意された時点ではまだナルホイヤであり、無秩序が無秩序として温存されている。そしてその無秩序をうけとめ、ひとつひとつ性格のことなる木材をまえに、うーんと考える。個別の節目や柾目の入り方などから最終的な形状や切り出し位置が決まり、つくっている最中も状況によって細部が柔軟に修正されてゆく。定規すらつかいたがらない。定規などは外国人《カッドナー》のつかうものだというのだ。こういうやり方なので、橇という製作行為の結果に思考の格闘プロセスが完全に反映されており、その橇はその木材を前に自分が知恵をはたらかせた、そのとき、その場、その木材、その人によってしか生み出されることのなかった唯一無二の橇になる。だから、橇をつくることがほかの誰でもないおのれの生に直接触れる経験となり、生き方への誇りをうむ。シオラパルクにいるとつくりかけのカヤックや橇やお土産品を前に無言で考えこむ村人の姿をしょっちゅう見かける。自分の頭で考えろ、とは自分の生をつくるためのモラルなのである。

こうしてできあがった橇（というかすべての製作物）には各自の経験やこだわりが反映される。彼らの橇は一見するとすべて同じように見えるが、じつは持ち主によって細部がすべてことなる。もちろん彼らの橇は、環境と歴史の荒波のなかで継承されてきた道具なので、大まかな形状は共通している。だが、ランナーの反る角度だとか、横板の長さだとか、紐をゆわえる穴の位置だとか、補強の金属材の入れ方だとか、後部の梶棒のかたちだとか、そういった細部はすべて持ち主によってちがうのである。

この〈ちがう〉というところに彼らの誇りは宿っている。この橇は決まりきったやり方によってつくられたものではなく、あくまで自分の経験によってできあがった橇であり、この橇のなかには私のこれまでの全人生が凝縮しているのだ、とやや大げさにいえばこのような誇りであろう。経験の個別性を彼らは何よりも重視する。だから彼らは自分の橇が他人のものとはちがうことにやたらとこだわるし、他人の橇を「あれはダメだ」と妙にこき下ろす。私のような部外者が見ると、あまり差があるとは思えないようなところで……。

二〇一九年冬に犬橇用の橇をはじめてつくったときに私はそのことを痛感した。

それまで私は自分と犬の二人一組というか、一人一犬方式で橇を引いて旅をしてきた。人力橇で旅をした頃も橇はイヌイット式の木橇（サンタクロースが馴鹿《トナカイ》に引かせるような橇をイメージしていただければよい）を自作してきたが、犬橇となると荷物の量も莫大になるし、十頭前後の犬が引くわけだから馬力も飛躍的に高まり、橇がうける打撃も格段にちがう。どのような橇をつくればいいのか見当がつなかった私は、ひとまず計画的思考にからめとられた近代人のひとりとして、他人の橇をまねして設計図をつくることにした。で、こそこそとヌカッピアングアの橇を見に行き、その形状やらサイズやら細かくスケールで採寸し、紙に落としていた。

するとヌカッピアングアがその不審な挙動を家の窓から双眼鏡でながめていたらしい。村人はいつも家の窓から、いやーどこかに海豹がいないかなぁとか、白熊が来てないかなぁと日暮し双眼鏡をのぞいているので、怪しい人影にはすぐに気づく。

彼は突然、私のそばにやってきてこう言った。

「お前は俺の橇とおなじものをつくろうというのか？」

「……ああ」

「俺の橇の形が気に入ったのか？」

「……ああ」。とくにそういうわけではなかったが、そう答えるほかなかった。

「わかった。じゃあ俺が親方としてお前の橇づくりを手伝おう」

こうして世話好きなところのある彼はなかば無理やり橇づくりに介入してきて、親方の座にすわることとなった。それからほぼ連日、私と彼と、あと息子のウーマもまじえて橇づくりをつづけた。親方すなわちナーラガーはヌカッピアングアなので、この橇の基本的な設計は彼の仕様だ。ランナー材の先端部や後部の反りの形状や角度、梶棒の形状や材、穴あけの位置、補強材となる釘や鉄板の位置や本数等々には彼の経験が反映されている。こうした細部に何のちがいがあるのかと素人は疑問に思うだろうが、犬橇に乗るとかなりちがいがある（ように感じられる）らしく、たとえば先端部の反りの角度を浅くすると、氷の凹凸の衝撃を吸収するのでスムーズに走れるが、先端のつき出している部分が長くなるため衝撃に弱くなる、とか、横桁《よこげた》材をしばる穴の位置が低いと横からの衝撃に強くなるけど、雪との摩擦で横桁をしばる紐が切れやすくなる、など色々あり、それだけにつかう人間の哲学が反映される。

親方はヌカッピアングアであったが、橇は私のものなので、当然、私のこだわりも反映された。今のシオラパルクの村人はほとんど長期旅行というものをしなくなり、犬橇は近場での狩りにほぼ使用がかぎられているが、私の場合は一カ月以上の長旅が前提なので、橇にもとめる機能もいくぶん相違し、頑丈でありつつ軽量、との矛盾した命題を可能なかぎり解決したい。そこで橇は大型ではなく四メートルの中型サイズにし、そのかわり横幅を通常のサイズより十五センチほど長くして、桁材も日本から薄い檜《ひのき》材を用意した。また大島さんや山崎さんら日本人犬橇家の助言も反映し、一番衝撃をうける最前部の横桁や滑走面に金属板をとりつけた。こうして橇はヌカッピアングア、私、大島さん、山崎さんの経験が色とりどりに反映されたモザイク橇となった。

すると奇妙なことに、それぞれのこだわりの部分について別の人がやたらと難癖をつけてくるのだ。作業の最終段階は村の共同作業場でおこなったため、次々に色々なひとがやってきて私の橇づくりを鑑賞する。そしてそれぞれひと言づつ感想を述べてゆく。

たとえば村の電気技師であるピーター・トーニャは通常よりも広い横幅に危惧の念をもらした。「こんなに長い横板に重たい荷物を載せて旅したら、数年後に突然バキッと割れて壊れるぞ」。大島さんは「後部の反りの形状をもう少しそらせたほうがよかったかなぁ」と漏らし、息子のヒロシ・マッシャンガーは横板の穴の位置を指さし、「これじゃあ高すぎる。昔の雪が多かった時代は雪との摩擦で紐が切れるので高いほうがよかったけど、今は雪が少ないから穴を低くして橇の強度を高めたほうがいい」との評。アーピラングア・シミガックは「北部に長旅するなら梶棒はもっと強度のある木材でなければだめだ。どうせ乱氷で何度も横転させて壊れるに決まっているんだから」といい、親方（ヌカッピアングア）は親方で、大島さんや山崎さんからの助言でとりつけた鉄板について「こんなところに鉄板をつける必要はない」とぶつぶつ文句をいいながら作業する。

それぞれの知見や洞察は、何十年にもわたる各人の生の経験がもとになったもので、絶対に正しいとの自信があるため、彼らはゆずらない。あいつの橇より俺の橇のほうがいいと頑なに信じているのである。

唯一、誰もが「これはいい」と賛嘆する部分があったのだが、それがどこかというと、ランナー材の先端部の加工である。先端はつき出しているだけに構造上弱点となり、かつ一番氷とぶつかり壊れやすい箇所だ。そこに私は〈コ〉の字型の金属を上からはめこみ、側面の穴から釘をとおして金槌で打ちつけ、木材ごとかしめた。

ただし、この加工は誰かの経験が反映されたものではない。じつは作業の最終段階でウーマがこの先端部の穴あけ作業に失敗し、材にヒビを入れてしまった。彼の拙速な作業を見て、私は「ふざけんな、ウーマの野郎……」と内心怒りに震えたが、壊れてしまったものは仕方がないので、余った材料を前になんとかならないかとうーんと考えこんだところ、滑走面用の鉄板の切れ端が目に留まり、それをハンマーで折り曲げて強引に取りつけた。それが皆からの「おお、いいじゃないか。ここに金属をつければ橇は壊れない」との感嘆をよびこんだ。つまり不幸中の幸い、誰の経験もまじっていない無垢な加工だったので、何事にも一家言をもつ偏屈な村人たちも純粋な心で評価できたのかもしれない。

4

経験へのこだわり、自分で頭をつかうことから生まれる自信は、道具の製作にかぎった話ではなく、狩りの手法などでも同じことがいえる。印象にのこるのは、イラングア・クリスチャンセンという人当たりのよい愉快で陽気なおじさんと交わした、次のような会話だ。

イラングア・クリスチャンセンは、かの植村直己とも親交があった六十代後半の初老の人物で、これまで何度か言及した若者のイラングア（ヌカッピアングアの息子）とは別人物だ。ややこしいのでこの初老のほうを大イラングア、これまでの若者のほうを小イラングアとよぶことにするが、この大イラングア、普段は自宅のあるカナックを本拠としているが、元来シオラパルクの村人でこちらにも家があり、酒を飲んでは管を巻く妻との生活に倦《う》むとシオラパルクに犬橇でやってきて、狩りに出たり、あるいは他人の家を訪問してはお喋りに興じる。私の家にもほぼ毎日やってきて、昔話をしたり狩りや犬橇のやり方を教えてくれる。

その彼の話で驚いたのが海豹狩りについての次の話だ。

地元イヌイットは冬の間、海豹の呼吸口狩り（ニッパ）をおこなう。この時期、海豹は海氷の下を泳ぐが、十分に一回ぐらい呼吸のため氷にあけた穴にやってくるので、イヌイットはそこを狙って猟をする。この呼吸口狩りで難しいのは引き金をひくタイミングだ。

呼吸口の下で海豹がどのような動きをしているかというと、穴の直下には海豹の頭部がぽっこりとおさまる空間がある。息を吸って肺に空気がはいると身体がうかび、頭部が水面の上に出てこの空間におさまり、鼻面が氷の穴のすぐ下にくる。そして息を吐き出すと身体が水中に沈み、頭部も穴から離れる。そして息を吸うとまた頭部が穴のすぐ下にきて、また吐き出して下がる、とこれをしばらくくりかえす。なので猟をするときは、海豹が息を吸って身体が上昇して穴のすぐ下に頭がきたタイミングをねらって引き金をひき、氷ごと脳天を撃ちぬく。

問題なのは、どのタイミングで海豹が上昇してくるのか、だ。海豹が呼吸するとき穴からは「ブオー」

という吐息の音と、「スー」という息を吸う音がかなり遠くまで聞こえる。普通に考えたら、「スー」という吸音が聞こえた後に身体は上昇するわけだから、そこで撃てばいいように思うが、必ずしもそうとはいえないようで、以前、私は別の村人から「ブオー」という吐息が聞こえたタイミングで撃つのだ、と言われたことがあった。

つまり「スー」という吸音と実際に肺に空気が充満して身体が上昇するまでにはタイムラグがあり、それを斟酌《しんしゃく》しないといけない、ということなのだと思うが、でもなんだか釈然としないので、大イラングアと海豹狩りのことが話題になったときに、この点について確認してみたのである。

ところが彼はそれとはちがうことを言う。

「俺は『ブオー』という吐息が終わって『スー』という吸音がはじまる瞬間に引き金をひく」。そしてこうつけくわえた。「俺はそうやる。でもみんなやり方はちがう」

彼は何度も全員が同じやり方をするわけではないと強調した。

理性的に考えたら大イラングアの主張は道理にあわない。「スー、ブオー」という呼吸音と海豹の身体が上下する動きの時間差は物理の法則にしたがっている以上、基本的には同じタイミングになるはずだ。そしてイヌイットは鉄砲伝来以来、いや、それ以前も銛でやっていたわけだから、何百年とこの猟をつづけてきたはずだ。村人全体で「ブオー」というタイミングで撃てばいい、みたいな共通理解があると考えるのが自然だろう。橇のつくり方にそれぞれこだわりがあるのはわかるが、呼吸口狩りのタイミングのようなものが一致しないのは理屈にあわない。

しかし、大イラングアは狩りの手法においてもこのような思考を頑なに却下するのだ。

じつは、なぜ彼とこのような会話になったかといえば、その前日か当日か、つまりこの会話の直前に私が呼吸口狩りに失敗していたからである。

これまで私は村の近くで動物をしとめることを自らに禁じていた。私が動物をしとめるのは、あくまで長期探検行の途上で食料を補充するためだ。村の近くでは狩りをする大義がないし、外からきた一介の外国人旅行者にすぎない私が、村人の猟場で獲物をとって資源量を減らすのも気が引ける。それで村人の反感をかったら滞在しにくくもなるので自重していたのである。しかし毎年村に通ううちに私も村人から、なんというか準村人みたいな感じで受け入れられている感じがあるし、とくに犬橇をはじめてからその感覚は顕著で、こっちが気をつかって狩りを控えているというのに、村人からは頻繁に「海豹ぐらい自分で獲ったらいいだろ」みたいなことを言われる。経済的にも誘惑が大きく、自分で海豹を獲れたら高価なドッグフードを買う必要もない。

とそんなふうに、まあそろそろいいかなぁ、などと考えていた頃、村のある半島の先端のドゥロガヤという岬を犬橇で越えたときに、海豹の呼吸口を見つけた。橇を止めると運よくすぐに海豹がやってきて「スー、ブオー」という呼吸音が聞こえる。大急ぎでライフルに弾を装填して、穴の近くに駈けより射撃の構えにはいり、次の呼吸音を待った。

ところが次の呼吸音はちょっと離れたところから聞こえる。十五メートルほど離れたところに別の穴があり、今度はそこで呼吸しているのだ。

慌てて音のする穴のほうに移動し、次の呼吸音を待った。すると今度はさっきの元の穴のほうから聞こえてきて……といたちごっこが続き、四回目ぐらいでついに待ちかまえている穴で呼吸音が鳴りはじめた。よっしゃ、と思い、私は「ブオー」という吐息が聞こえるタイミングで引き金をひいた。しかし、ガチャリと金属音が小さく鳴っただけで弾が出ない。弾を込めたときに慌てていたので、弾が薬室に装填されていなかったのだ。私がつかっている〈.30-06〉のライフルは第一次大戦のときに製造された骨董品で、動きが固くてしばしばこのようなミスをしでかす。すぐにボルトを引いて装填しなおしたが、その音に警戒したのか、海中にもどった海豹は残念ながらその後この穴にはもどってこなかった。

その失敗談を披瀝したうえで、私は引き金をひくのは「ブオー」のときか「スー」のときかと訊ね、大イラングアは「俺は『スー』がはじまった瞬間だ」と答えたわけである。

大イラングアはこのときにかぎらず、「イヌイットはみんなやり方がちがう」と口癖のように言う。狩りにしろ道具製作にしろ犬橇の操縦法にしろ、私はこれまでの習性から何か共通したやり方があるはずだ、とつい考えがちになるのだが、彼はことごとくそれを否定する。おそらく彼はこのとき、画一的なやり方があり、それを訊きだそうとする私のあさましい心性を否定したかったのではないか。つまり彼が真に伝えたかったのは、引き金をひくのは「スー」がはじまった瞬間だ、ということではなく、俺たちは皆やり方がちがうのだ、それぞれが考えた末に行動しているのだ、ということだったのではないか。全員のやり方が異なるのは、それぞれが試行錯誤の末にその解答にたどりついたからであり、お前も人に訊くのではなく、自分で自分だけの方法を探り当てなければならない、ということを彼は言いたかったのだろう。

それがナルホイヤという言葉に込められた彼らの生きる流儀なのである。

偶然と調和

1

キビヤというイヌイットの伝統食がある。アッパリアスという体長二十センチほどの海鳥を発酵させた食い物だ。

アッパリアスは村人の大好物で、五月中旬に繁殖のために大量飛来すると、村人の中には、嗚呼アッパリアスが来たぞ、アッパリアスが来たぞ、おひょ〜、とそわそわし、奇妙な踊りを見せる者もいる。鳥は飛来すると、四、五日の間、編隊をくみ、上空をぐるぐる旋回して様子見をつづけるが、やがて海岸沿いの特定の岩場に降下するようになる。こうなると狩りの好機だ。村人たちは犬橇《いぬぞり》で猟場に向かい、三メートル五十センチほどの専用のたも網をふりまわし、次々とこれを捕獲する。獲った鳥はすぐに肋骨と腹のあいだに親指を押しこみ、心臓をつぶし、陽光で腐敗しないように岩陰にかくす。

アッパリアスは、アミリといって塩茹でにしても旨いのだが、発酵させてキビヤにしたほうが保存がきくし、さらに旨味が増す。

キビヤにするときは二百羽から三百羽を一度に獲らなければならない。というのも、今日は五十羽、明日は七十羽……と時間をかけると鮮度にばらつきが出て味が落ちるからだ。半日ほどかけて大量捕獲したら、なるべく早いうちに輪紋海豹《ワモンアザラシ》の生皮に詰めこんでゆく。羽のついた獲ったままの状態で、とにかくぐいぐい力まかせに穴から押しこんでゆき、皮袋がぱんぱんになったら穴を糸で縫う。鳥をつめた皮袋は土中に埋め、上から隙間がないよう石を積んでゆき、塚のように盛りあげてゆく。その状態で三カ月弱、放置したらできあがりだ。

なお、私はたった今、キビヤを「旨い」と書いたが、旨いというのは地元の人や慣れた人にとっては、という意味であり、はじめての人がキビヤを前にしたら強烈な発酵臭に閉口するだろう。私がはじめてキビヤを見たときは予備知識があり、心構えができていたので、鼻はひん曲がらなかったが、人糞と同じぐらいの臭気を発しているな、とは思った（臭いの系統はちょっとちがうが）。味も、まあ食えなくはないかな、といった程度で、とくに食欲を刺激されるものではなかった。

味や臭いだけではなく、キビヤは見た目もグロテスクだ。なにしろ獲ったばかりの生鳥をそのまま海豹の皮袋につめて放置しただけ、要は発酵した生鳥である。腐敗と発酵の境界線はかなり曖昧なようで、その人の価値観次第というところがあるらしく、見た瞬間に「うわ、こんなもん、食えるか」と拒否反応をおこす人もいるだろうから、その意味では腐敗と表現できないこともない。そうなるとキビヤとは腐敗した鳥の生肉だともいえる。この独特の赤黒い〝腐肉〟を村人は羽をむしり、手や口を血まみれにしながら歯で引きちぎり、内臓を吸いだし、頭蓋骨を噛み砕いて脳髄をすするのだ。

最初は人糞レベルの臭気を感じたキビヤであったが、何度か食すうちにだんだん旨くなってゆき、やがて、凍てつく極夜の闇のなかを犬橇で走っている間も、嗚呼キビヤ食いたいなぁ、キビヤ食いながらコカ・コーラ飲みたいなぁ、と思うほど私はすっかりその味の虜《とりこ》になった。ときに氷点下四十度近くになる厳冬の犬橇では、身体が芯までキンキンに冷え、寒さに我慢できずに犬と並走することも少なくない。なので五時間も乗ったら寒さと疲れで腹が減る。すきっ腹で家にもどり、むしゃむしゃとキビヤを頬張ったときの旨さは何ものにもかえがたい。この状態になればもうキビヤ中毒といっていいだろう。

毎年の訪問ですっかりキビヤ中毒となった私は、冬の間に一日に五羽ほどのキビヤを食べるようになった。調味料は一切つかわず、発酵味だけで食べるだけにシンプルで、いくら食べても飽きることがない。

その年も五月中旬になるとアッパリアスが飛来し、やがて夥《おびただ》しい数となり、村はザワザワとした鳴動にゆれた。その声をきき村人はそわそわしているが、やはりそこはわかっている。「もうそろそろ獲れるだろうか」と訊いても「いや、まだだ」との返答だ。次の日も「まだだ」、その翌日も「まだだ」。しかしその翌日になると「たぶん明日だ、アンマカ」と返事がかわった。翌日、猟場にいくと、アッパリアスが岩場に降下しており、猟期が到来したことをつげていた。まずは手はじめに四十羽ほどをとり、その日のうちに塩茹《アミリ》でにして一年ぶりのアッパリアスを堪能した。

アッパリアスには不思議な習性があり、いや〜今日はすさまじい数が来てるなぁと思っても、その翌日はもぬけの殻で一羽もいない、ということがめずらしくない。村人に「何で今日はいないの?」と訊くと、「ナルホイヤ」と断った後、「海に魚を食べに行き、腹がいっぱいになったらもどってくるんだと思う、アンマカ」と教えてくれる。そんなわけで猟期になってもこの鳥は来たり来なかったりをくりかえすのだが、五月中旬というのは、私にとっては冬から春にかけての長期犬橇漂泊行が終わったあとの帰国までの待期期間にあたり、暇なので、アッパリアスが来たらつい毎日のように網をもって猟場へむかってしまう。

アッパリアスの素晴らしいところは、味が良いだけでなく、獲るのも面白いところだ。ただ最初はそれほど簡単ではない。一見、すさまじい数の鳥が塊《かたまり》となってぐるんぐるん目の前を飛んでいるので、最初は、これなら馬鹿でも獲れるわ、と油断して網をぶんぶんふりまわすが、経験が浅いうちは鳥のほうが賢くて、大抵、網のとどかないところを飛んでゆき意気込みは空振りに終わる。そして一日五羽とか十羽しか獲れず、おまけに網をブンブンふりまわして岩にぶつけて壊す、という散々な結果とあいなる。それでも辛抱強く猟場にかようちに間合いや岩場での身の隠し方に熟達してゆき、鳥の動きも読めるようになって、二十回ぐらい通う頃には、半日で百羽ぐらいはコンスタントに獲れるようになる。

ちなみに大島育雄さんほどの達人になると、一日三百羽、四百羽というのは普通らしく、生涯の最高記録は一日九百羽というから完全に人間離れしている。これは一分に一羽しとめても十五時間かかる計算で、ここまでくるともはや神業というほかない。

私はまだそこまでの神域に達していないが、それでも暇つぶしで数時間猟をするだけで五十羽から七十羽ほど獲れるようになった。だが、そんなに獲ってもひとりでは食べきれない。なので、村の友人や、もう獲るのがきつくなった年寄り、あるいは私の犬が勝手にその人の鯨肉を食べたせいで私にたいして心中おだやかならぬ人、などに贈る。飛来しはじめのこの時期は皆、アミリを食べたくて仕方がないので、この贈り物は大喜びされ、私の株は一気に上昇し、村での過ごしやすさが格段に増す。

アッパリアスは旨いだけでなく、彼らの土地で好き勝手やらせてもらっている私のような人間にとっては、贈与物としても価値の高い万能の食材なのだ。

しかもこれはカネにも化ける。というのは、アッパリアスはシオラパルク周辺には飛来するが、隣のカナック周辺には飛来しないからである。地域の中心地であるカナックには六百人ほどが暮らしており、この人たちがアミリ食いたいなぁ、キビヤ食いたいなぁ、と口のなかに生唾をためこんでいる。だからカナックに送れば、素のアッパリアスなら一羽十五クローネ（約二百八十円）、キビヤなら一羽二十五クローネ（同四百七十円）で売れるのである。

さすがによそ者である私が地元の食資源で商売することはルール違反だが、贈与した相手が売り払ってカネにかえるのは勝手だ。ヌカッピアングアの息子のウーマには色々と世話になっているので、あるとき私は、純粋に彼に食べてもらいたいな、と思い、獲ったばかりのアッパリアスを四十羽ほど贈与した。すると彼は速座にカナックの友人に電話し、「日本人からアッパリアスもらったんだけど、いらない？　じゃあ明日送るわ」と言って、全部ビニール袋につめこんで郵便局にもって行ってしまった。お前も結局カネなのかとちょっとがっかりしたが、まあ、日本円にして一万二千円ほどになるだろうから、スマホの月額使用料ぐらいにはなったのだろう。

話をもどそう。

キビヤの味に魅了された私はここ最近は毎年自分でキビヤをつくっている。

キビヤをつくるには一気に数百羽とらなければならないので、暇つぶし感覚ではなく、飛来数の多い日を狙って、それなりに気合いをいれなければならない。これは村人にとってもそこそこの負担みたいで、キビヤをつくるときはウーマの兄である小イラングアがいつも誘ってくれる。しかも父のヌカッピアングアに似て世話好きな彼は、キビヤ製作に必要な海豹の生皮まで提供してくれる。

おれ、今年もキビヤをつくるから、と宣言していたこともあり、ある日イラングアが「明日アッパリアスを獲りに行くけど一緒にどう?」と誘ってきた。翌朝、私たちは彼の犬橇で村からフィヨルドの少し奥にあるアッパリッッホーの猟場にむかった。距離にして一キロほど、歩いても行けるが、日本の田舎の人が近くのコンビニに行くのにも車をつかうのと同じように、彼らはわずかな移動でも犬橇をつかう。それが彼らのプライドだ。通い慣れた犬たちはスムーズに海氷から海岸沿いの定着氷にのりあがり、イラングアが鞭で犬を誘導して、岸から十分ほど登った猟場まで橇をはこびあげた。午前の早いうちは鳥たちはまだ上空を旋回していて、なかなかおりてこない。コーラを飲みながら三十分ほど待ち、アッパリアスが岩場で休みはじめたところで猟を開始し、二人で三百羽を目標に五時間ほど網をふるった。

獲った鳥はすべてキビヤ用である。翌々日、雨が降りそうな曇天の寒い日だったが、ヌカッピアングアの家の近くの製作場で作業を開始し、私は、イラングアの用意した小さな海豹の皮袋にもくもくと死骸をつめこんでいった。使用した海豹皮は捕獲からかなり時間がたっており、すでに独特の発酵臭をただよわせている。鳥の死骸ではち切れんばかりになった皮袋を土中に埋め、隙間なく岩を積みあげた。

これで作業完了である。私は六月に帰国するが、次の冬に村を再訪したとき、イラングアがビニール袋に私のぶんをつめてもってきてくれるだろう。今回とった百四十羽ほどのキビヤがつぎの冬の私の食料となる。

しかしこれだけでは、私は満足できなかった。なぜならもっとキビヤを食べたい、百四十羽では足りないと思ったからである。

私はだいたい一日五羽のキビヤを食べるが、毎日五羽食べたら百四十羽では一カ月分にも満たない。犬橇をはじめた今では、犬の訓練期間と、その後の長期漂泊行をあわせ、グリーンランドに滞在する期間は全体で五カ月ほどにもなる。その間、ずっと毎日五羽食べるわけではないが、冬の村での二カ月と、あとできれば長期漂泊行の食料にもいくらか欲しいので、計三百羽分ぐらいはつくりたいところである。

私はさらなるキビヤ製作を目論《もくろ》んだ。問題は海豹の皮である。アッパリアスならいくらでも獲れるが、海豹皮は手持ちがない。イラングアももう余りはないというので、キビヤをもっとつくるには自分で海豹狩りをしなければならない。

前にも触れたが、これまで私は、海豹のような大きな獣は、獲るとしても旅の途中でしか獲らないように心がけていた。動物は土地のめぐみ、地元民の財産なので、彼らが生業のために狩猟している猟場を、よそ者の私が荒らすと反感を買うのではないかと考えていたからだ。だから基本的に、狩猟をするのは彼らの行かないところだけ。しかし海豹はこの土地でもっともありふれた食料資源で、日本人にとっての米みたいなもの、といえなくもなく、一、二頭獲るぐらいなら村人も目くじらたてないだろうし、むしろ最近では「海豹なんか自分で獲ればいいじゃないか」と言われることもしばしばだ。そこで私はキビヤ用に一頭頂戴することにして、狩りに必要な道具をつくりはじめたのだった。

2

海豹なんか自分で獲ればいいじゃないか、と村人は言うが、しかし海豹を獲るのは口でいうほど簡単ではない。なぜなら海豹は海獣で普段は水のなかに暮らしているからである。

ただ、海豹は海獣とはいえ人間と同じ哺乳類である。なので、十分に一回ぐらい海面に鼻面を出して呼吸しなければならない。この呼吸が海豹狩りのポイントとなる。陸棲動物である人間が海豹を獲るのはそのタイミングしかなく、これは海が開いている夏も、氷に閉ざされている冬も基本的に変わらない。

たとえば夏であれば、村人はボートにのって周辺海域を遊弋《ゆうよく》し、海豹が呼吸のために浮かびあがって頭を出したところをライフルで狙う、というやり方で獲る（細かい話をすると、地元の人たちは海豹狩り用に、〈.222〉という火薬量が少なくて反動の少ない二十二口径のライフルを常備しており、それとは別に白熊や海象《セイウチ》、鯨などの大型獣用に〈.30-06〉など大きなライフルも用意している）。夏でなくても、たとえば春になって沖の氷がわれて海が開くと、氷の際を犬橇で走って海豹を狙撃し、鉤《かぎ》フックのついた木材を放り投げて獲物を回収したりする。

これが寒くなり海が氷におおわれると、狩りの方法はまったくちがったものとなる。たしかに狙撃のタイミングは同じく呼吸の瞬間なのだが、表面は氷におおわれているので陸棲である人間に海豹の姿は見えない。でも、海豹が呼吸するポイントはわかる。というのも海豹は呼吸用の穴（呼吸口）をいくつかもっており、定期的にそこにやってきて息を吸うからである。そこを待ち伏せしてライフルで氷ごと頭部を撃ちぬくわけだ。

待ち伏せ猟はニッパとよばれ、岬の周辺に発達するクラック（ナッゴ）など、呼吸口のできやすいところを犬橇で巡回して探索することからはじまる。訓練された犬であれば、「ラーラーラーラー……」という呼び声に反応して飼い主を呼吸口までみちびいてくれるらしい（悲しいことに、私の犬にはまだそこまでの能力はない）。二人一組でやったほうが効率がよく、ひとりが待ち伏せをしているあいだ、もうひとりが犬橇で周囲を走り、海中の海豹を呼吸口のほうに追いつめてゆく。

またカッシュチといって網猟もよくやる。沿岸の浅瀬の海氷には、干潮時に底の岩にあたって表面が盛りあがってわれているところがある。地元の言葉でイッカッドというが、海豹はこうしたイッカッドや氷山の周囲など呼吸できるところにたちよりながら海中を泳いでいるので、そこに網をしかけるのである。

このように待ち伏せ猟にせよ網猟にせよ、海豹をとるには呼吸の場所をねらうのが基本となるが、それとはちがって特殊なのが、このとき私がやろうとしていた春の猟である。

春の猟では海中の海豹ではなく、海氷のうえでゴロゴロ転がる海豹をねらう。

日が高くなり暖かくなると、海豹たちは呼吸口を前脚の爪でガリガリとひろげて氷上に姿をさらす。

冬にできる呼吸口は直径数センチの小さな穴で、周辺は吐息が凍りつき、こんもりと丘のようにもりあがっている。だが春の呼吸口は大量の脂肪を身にまとった海豹が、海中から海氷上に移動するためのものなので、直径五十センチ、大きなものでは一メートル近くにもなり、まさに穴という言葉をきいて誰もが思い浮かべるような穴らしい穴だ。

四月になって温かくなると海豹は呼吸口を広げはじめるが、本格化するのは五月からで、場所によっては氷上に海豹の黒い影がごろごろする。この大きな穴を日本語で何と呼ぶのか私は知らないが、ひとまず冬の呼吸口と区別するため通用穴と書くことにしよう。では海豹が何のために通用穴から海氷のうえに出てくるのかといえば、それは昼寝をするためである。春のこの時期は海豹にとって年に一度の換毛の季節で、換毛は体力を消費するため体力を維持する必要があるので昼寝をしなければならないらしい。

この換毛のための春の昼寝は、腹をすかせた白熊や〈.222〉用のライフルをたずさえたイヌイットの格好の標的となるので、海豹にとっては何にも守られていない危機的状態だ。しかし、それがわかっていながら海豹は昼寝しないではいられない。命が狙われているのを知っている証拠に、彼らは数分に一度、首をもたげて敵性動物が接近してきていないかキョロキョロ周囲に目をくばるのだが、ときにはあまりの心地よさに、すぐそばまで来た熊や人間に気づかないほど熟睡する呑気者もいる。ごろごろ氷のうえにころがった海豹は、水族館で見るぶんなら人びとの癒しの対象となるだろうが、海豹からみると文字どおり命懸けの行為だ。まさに死を賭した昼寝。昼寝海豹とは、就寝による快楽と狩られる危険、すなわち生と死のあわいを体現した究極の存在者だ。

存在の極地で安逸をむさぼるこの昼寝海豹は地元イヌイットからウーットとよばれ、ウーットをねらった狩りも同じくウーットという。「ウキヨマンニ・ウーット・イキッチョ」といえば「今年は昼寝海豹が少ないね」、「イッディ・アカグ・ウーットム?」といえば「明日、ウーット狩りに行くの?」という意味だ。

あらゆる海豹狩りに共通することであるが、海豹をとるときは頭部を一発で撃ちぬかなくてはならず、これが海豹狩りの難易度を高くしている最大の要因だ。たとえば夏にボートから海豹の頭部をねらい、弾がはずれて胴体にあたった場合、海豹は海中にもぐって逃げてゆき、仕留めることがむずかしくなる。海中で絶命しても回収できないので無駄死だ。

冬の待ち伏せ猟(ニッパ)も同じだ。猟師は呼吸口のそばでライフルをかまえて待ち伏せする。そこに海豹がやってくるかはわからないが、運よくやってきたら、海豹は猟師の存在に気づかないまま穴の下で呼吸をはじめる。このとき海豹は海中にいるわけだから、息を吸って肺に空気がたまると身体がうかび、頭部が穴のすぐ直下まであがる。この上昇のタイミングで引き金をひけば、弾が頭部にあたって海豹は即死して死体を回収できるが、タイミングがずれて海豹が十分に浮かびあがる前に引き金をひけば弾は外れるし、逆に狙いが手前すぎると胴体にあたり海中で無駄死する。

同じことが昼寝海豹猟にもあてはまる。昼寝海豹は通用穴のすぐそばで寝ているわけだから、もし頭部をはずして胴体にあたっても、となりの穴からぬるりと逃げられてしまい、やはり海中で無駄死となる。海中で死んだ海豹を回収するため、イヌイット猟師は三十センチぐらいの長柄がついた手鏡で氷の下を確認するが、もちろんうまく回収できるとはかぎらない。いずれにせよ頭部を一発で撃ちぬきその場で即死させるのが海豹狩りの基本だ。

　では昼寝海豹にたいしてはどのような作戦をもちいれば頭部を一発で撃ちぬけるか、というと、これがなかなか難しい。

　冬の待ち伏せ猟《ニッパ》であれば、氷のうえで待つわけだから海豹から人の姿は見えない。たしかに風向きや音には注意しなければならないし、気配が感知されたら海豹は近づいてこない。凄まじい寒さのなかで身じろぎせず、じっと待つ、という独特の辛さはある。しかし、獲物にいかに近づき射程に入るか、という狩猟における最大の難題は回避される。だが昼寝海豹は何の障害物もない真っ平らな氷原のうえに寝ているわけだから、こちらの姿は海豹から丸見えだ。昼寝海豹といっても本当に熟睡していることは稀で、顔をあげて定期的に監視するのが普通なので、不用意に近づくとあっさり傍らの穴から逃げられるのだ。

　首尾よく脳天を撃ちぬくには、狩猟技術にたけた地元猟師でも、反動の少ない〈.222〉ライフルにスコープをつけたうえで百メートル以内に近づかなければならない、とされる。氷上で百メートルといったら、すぐそこだ。何か工夫しなければとても近づけるものではない。

　ではどうすれば昼寝海豹に接近できるかといえば、これが地域によってやり方がちがうのだが、シオラパルクなどグリーンランド北部ではカムタッホという道具がつかわれている。カムタッホとは白い布をとりつけた衝立で、これに身を隠し、雪原と同化して近づくのである。

　カムタッホはただの衝立ではなく、橇のような形状をした木の枠組みにライフルを固定し、その前方に白い布の衝立をとりつける仕様となっている。なのでライフルを両手でかかえたまま歩けるし、最後はカムタッホを滑らせながら匍匐《ほふく》前進できるため、ただの衝立より接近の可能性が高まる利点がある。

欠点はつくるのが面倒なこと、あとは荷物としてかさばり橇にのせてはこびにくいことである。

そして私がこのときつくろうとしていたのがカムタッホだった。

カムタッホをつくるのははじめてだったので、私はウーマのを借りてそれを参考にしてつくりはじめた。

カムタッホはライフルを固定した状態で両手でもって前進するので、軽量化しないと腕が疲れて失敗の原因になる。素材としては「合板がいい」とウーマは言ったが、ホームセンターがあるわけでもなし、そう都合よくいい合板などそのへんに落ちていない。仕方なく私は村のお店からパレットをもらってその板をつかうことにした。板を独特の瓢箪《ひょうたん》型にととのえ、鉋《かんな》でけずって全体的に薄くする。これを二枚つくり、さらに橋渡しになる板や、ライフルをのせる板などを切りそろえ、穴をあけてはめ込み、梁《はり》のための棒を通す。穴あけなどの細かい部分はナイフでの作業を余儀なくされ、完成まで五日ほどを要した。

カムタッホの製作ははじめてだったとはいえ、ウーットット狩りに関しては、犬橇をはじめて以降、長期漂泊行の途中で何度も挑戦してきた。じつのところ、そもそもそれまでの人力橇スタイルを犬橇にかえたのは、犬橇でなければ昼寝海豹をとるのが難しいと考えたからだ。

私が近年通いつめ、例の〈裏庭化〉を進めようとしているグリーンランドとカナダの国境海峡には、全長百キロの巨大なフンボルト氷河があり、春になると海豹が繁殖のためにその近海に集結する。犬橇をはじめる前年にはじめてフンボルト氷河に足を踏みいれた私は、そこでかなりの頭数の海豹がごろごろと昼寝に興じる様を目の当たりにした。当時は自分で重たい橇をひいていたため、機動力がなく、狩りを断念せざるをえなかったのだが、同時に、犬橇をおぼえてここで海豹を獲れるようになれば、さらに北の地へ向かうことができるのではないか、ということにも気づき、翌年から犬をかき集めて犬橇の訓練をはじめたのだった。要するに犬橇への移行という、近年における私の探検の最大の変化は、じつは海豹狩りに適応することが最大の目的だったわけである。

犬橇をはじめた私は翌年からフンボルト氷河周辺で昼寝海豹狩りを試みた。ただし、つかったのはカムタッホではなく、日本で自作したアルミフレームの白い衝立である。海豹を見つけると五百メートルから一キロほど離れたところで橇を止め、衝立に身を隠してじりじりと距離をつめる。誰に教えてもらったわけでもなく、完全な独学なので最初はまったく要領をえなかったが、可能なかぎり慎重に近づくことを心がけ、また逃げられたあとにかならず歩測で距離を測り、海豹の見え方と実際の距離感の把握につとめた。これまで三度の犬橇の旅でおそらく三十頭ほどウーットを試みたと思う。何度も試みるうちに徐々に海豹に接近できるようになり、今では海豹がこのぐらいの大きさに見えているからまだ百五十メートルはあるな、と距離もほぼ正確に把握できるようになった。

しかし結果的に、三年間におこなったこの約三十回の試みで、実際に撃ちとめることができたのはたったの四頭にすぎない。胴体にあてて無駄死にさせたこともあるし、近づきすぎて逃げられたこともある。それらをふくめても射程に入れたのは、せいぜい七回ほどだろう。単純計算で五回に一回、季節や場所によって条件はことなるが、それぐらい昼寝海豹に近づくのは難しく、そもそも歩きはじめる前の橇でのアプローチ段階で逃げられることも少なくない。

ただ、こんなに難しいわけがないとも思う。以前、村人のウーットト狩りに同行したことがあるが、そのとき彼はかなり無造作に接近していたにもかかわらず容易に射程に入っていた。植村直己の『北極圏一万二千キロ』を読んでも、弾を頭に当てることには苦労しているが、わりと簡単に百メートル以内に近づいている。

私が苦戦したのはフンボルト氷河という場所のせいだった可能性が高い。海豹の繁殖地である同地はその海豹をねらう白熊も多く、海豹が警戒して容易に近づけないと村人に聞いたことがあったからだ。あるいはただの衝立より、やはりカムタッホのほうが接近に有利だということも考えられる。実際にウーットト狩りをして感じるのは、百五十メートルからの最後の五十メートルのつめの難しさだ。徒歩で近づくとどうしても雪を踏む音が大きくなり、それで逃げられることが多いのだが、カムタッホであれば最後は匍匐で進めるので音の刺激は少なくなるはずだ。カムタッホをつくろうと思ったのは、そんな考えもあったからだった。

3

カムタッホが完成した翌日、私は犬橇で昼寝海豹がいそうなあたりを走ってまわった。

ところがこの年のシオラパルク周辺はどういうわけかウーットが少なかった。五月にはいると周辺の氷には強い太陽光が反射し、眼を突きさすばかりの眩《まばゆ》さにつつまれる。例年であればその白一色の世界に、油断しきった海豹の姿があちこちで見られるのだが、冬の間の気温が例年より低く、氷がぶあついのか、昼寝海豹の姿は一頭も見られなかった。シオラパルク周辺ばかりか、三月から五月上旬にフンボルト氷河に行ったときも例年の十分の一という印象だった。

だが、さすがにイキナ氷河の近くにはいるだろうと考え、私は犬橇を氷河方面に走らせた。イキナ氷河というのは村から十五キロはなれた標高差千メートルの氷河で、内陸氷床への登下降路となっており、春にこの氷河を下るといつも同じ場所に五頭ぐらいの海豹が群れるのを見かける。二週間前に下りてきたときは姿を見なかったが、あれからまたかなり暖かくなったので、さすがに一頭ぐらいはいるのではないかと考えた。

ところが氷河の麓《ふもと》にもやはり海豹の姿は見当たらない。そのまま奥につづく岩壁帯の海岸沿いに犬橇を走らせたが海豹は一頭もいなかった。なぜだろう……。今年は本当にいないのか、とせっかくつくったカムタッホをつかう機会のないことに憮然《ぶぜん》として、私は村にもどった。

村でヌカッピアングアの家に暇つぶしに行き、彼や息子のウーマに「ウーットが全然いなかった。今年はどうしていないんだ?」と訊いてみたが、もちろん彼らの答えは「ナルホイヤ」だった。

そのうち狩りが空振りに終わった話を聞きつけたのか、小イラングアが私の家にやってきて、ウーット狩りに行かないかと誘ってきた。

「しかし、今年は全然いないぞ。イキナにもいなかったし……」

「いや、たぶんイキナの対岸の小さな島にはいるはずだ。明日の十一時に出発しよう」

狩りに出たのは翌々日、イラングアの犬橇に乗った私たちは、村を出てまずはイキナ氷河方面に犬を走らせた。イラングアは時折、犬をとめて橇のうえでたちあがり、双眼鏡であたりを見まわした。銀色の氷に白夜の日射しが燃えるように反射している。視界は良好だ。

「プカンギラ(いないなぁ)……」

「ヒウ(なぜ)?」

「ナルホイヤ」

例のイキナのポイントにむかったが、やはり見つからないので、そのまま近くの岩壁帯の手前に橇をとめて私たちは斜面をよじのぼった。三十メートルほど登ったところで双眼鏡をのぞいていたイラングアが叫んだ。

「いた! あそこだ、わかるか? 対岸の雪の斜面の手前に二頭いる」

双眼鏡をかりて覗くと、たしかに周囲の雪や氷の突起の影より色の濃い小さな点が見える。よくあんなの見つけたな、と関心するほど極小の粒だ。私たちは犬橇で海豹の見えた場所に急行した。すると対岸が近づくにつれ、先ほど発見したのとはまた別のところで、黒くてより大きな影がちらちらしはじめた。海豹にしてはその影はあまりに巨大だし、それに平べったくて長いので、はじめ私はそれを海豹だとは考えなかった。だが、ふたたび橇をとめて双眼鏡で確認したイラングアが驚愕の声をあげた。

「アイヨー、アマッタヒウ（うわ、無茶苦茶いるぞ）！」

奪いとるようにして双眼鏡で確認すると、たしかにそこには大小七頭ほどの海豹が塊となって寝そべっていた。驚いた。こんな大集団はめったにお目にかかれるものではない。今年はウーットはいない、との諦めムードが嘘のように、海豹が次から次へと姿をあらわしはじめた。やはりいるところにはいるのだ。

私たちはその場で方向転換し、気づかれないように遠まわりしながら、この大集団の風下側にまわりこんだ。五、六百メートルほどはなれたところで橇をとめ、イラングアがカムタッホを組みたてる。橇みたいなかたちをした木の枠組みに、タッハとよばれる白い布地とライフルを紐で固定する。準備を終えたイラングアが銃付きカムタッホを両手にかかえて獲物のほうに歩きだした。私は犬たちが海豹のほうに行かないように鞭を振りながらなだめる役目だ。

イラングアはかなり無造作な足どりで近づいた。私がウーットをねらうときは、一キロほど手前から歩き出し、海豹の動きに注意をはらいながら、首をあげたらすぐにしゃがんで衝立の影にかくれる。

臆病なほど慎重に進むので時間がかかるし、それだけ細心をはらってもほとんど逃げられるのだが、彼は上半身だけカムタッホに隠れた状態でずんずん歩き、ちょっとがさつではないか、と疑問におもうほど大雑把に接近する。海豹の動きにあわせてしゃがんで身を隠しはじめたのは、のこり二百メートル以内にはいってからだった。

その頃、私のほうでは予期せぬトラブルに巻きこまれていた。先導犬の一頭が、飼い主でもない男の制御に我慢ならなくなったのか、何度もたちあがってはイラングアのほうに駆けだそうとするのである。そのたびに私は「アウリッチ、アウリッチ」と〈動くな〉の指示を出すが、海豹に気づかれたらいけないので大声を出せないし、鞭も大きく振れず、もどかしい。しばらくは私の制御に犬もしたがったが、そのうち犬は我慢できなくなり、ついに走りだした。それにつられてほかの犬もうごきだす。やばい、これでは狩りが台無しになる。私は焦ったが、こうなると犬はもう止まらず、私は慌てて橇に飛び乗った。「アイー！　アイー！」と〈止まれ〉の合図を叫び、鞭をふるってなんとか五十メートルぐらいで止めたが、イラングアのほうを見やると、カムタッホに姿を隠した彼の向こうで、海豹たちが一頭、また一頭と海のなかに消えてゆくのがみえた。

それでもかろうじて一頭だけのこった。接近は最後のつめにはいり、イラングアは匍匐前進でじりじり進む。海豹が首をあげるたびに停止し、首をさげると十センチずつカムタッホを前にずらし、慎重きわまりない動きで近づく。やがて射程にはいり銃声がとどろいた。しかし海豹はあいかわらず首をもたげてきょろきょろしたままだ。もし頭部に命中すれば、その場でぐでっと力がぬけ、脂だらけのその身体は張力がなくなり水風船みたいに形態を失う。しかし、そうはならない。ということは外れたのだ。すぐに、二発目、三発目の銃声がひびいたが、そこで海豹はぬるりと穴に消えていなくなった。

失敗の原因は明らかだ。私が犬を制御できなかったことである。

「ナーガヨ～（なんてこった）」と言いながら現場に駆けつけると、穴の周囲の氷は血まみれで、弾が頭部以外のどこかに当たったことを物語っていた。イラングアは道具箱のなかから柄付きの手鏡を取りだし、海中に死体が浮いていないか探した。だが見つからなかった。

「さっきの二頭も逃げていなくなっちゃったよ」

最初に見つけた二頭のほうに目をこらしたが、そこにはもう黒い影はない。

「ナーガヨ……」

「もう少し奥に行ってみようか？」

「いるだろうか」

「アンマカ。ナルホイヤ」

村のフィヨルドの突きあたりにはイキナ氷河よりはるかに大きな氷河があり、彼が言う「もう少し奥」とはその氷河につづく入江のことを指していた。海豹がいるかどうかイラングアは「ナルホイヤ」と言ったが、その前に「アンマカ」と一応肯定したので多少自信はあるのだろう。

犬橇を走らせると、たしかに大きな氷河の手前にも昼寝海豹が点在していた。

「あそこにもいる、あ、向こうには二頭いる……」

村の周辺やイキナ氷河の麓ではまったく見当たらなかったのに、このあたりにはゴロゴロしている。

私たちはひとまず風下側にあたる一番奥の海豹からねらうことにした。先ほどは犬の騒ぎでイラングアの動きをよく観察できなかったので、私はもう一度、彼に狙撃をゆずることにした。イラングアは先ほどと同じ要領で、まずは無造作にぐんぐん近づき、のこり二百メートルほどになると身を隠して、ゆっくり時間をかけて接近した。今回は橇の向きを逆向きにしてとめたので、犬も大人しく私の制御にしたがっている。やがて彼はうつ伏せになり完全に衝立に身を隠し、腹ばいになり匍匐前進を開始した。正味三十メートルほど匍匐で進んだところで銃声が鳴り、今度は海豹の小さな首ががっくりと地べたに崩れ落ち、動かなくなった。

イラングアがたちあがり、右手の拳をつきあげる。犬たちをその場に走らせると彼は満面の笑みをたたえていた。

「アゲヒョ～（でかいよ～）」

目の前には七、八十キロはありそうな輪紋海豹が氷上にころがっている。死体は、生前のはりつめた緊張をうしない、固体と液体の中間のような巨大な流動体と化していた。

海豹の解体はあっという間に終わる。脂肪で覆われた海豹の身体は肉も皮も柔らかく、サイズ感も手頃で、麝香牛《ジャコウウシ》や海象《セイウチ》や白熊のような大物よりはるかにあつかいやすい。毎日のように海豹を解体しているイラングアの手つきはいっさい無駄がなく、洗練された職人芸のように滑らかで美しい。皮をすらすらとはぎ、関節の的確な箇所にナイフをいれ、あれよあれよと四肢を切り落とし、肋骨を切断する。露《あら》わとなった内臓から肝臓を切り出し、一部を、旨いよといって私に手わたした。

今でこそ店にいけば根菜類やちょっとした果物も売っているが、もともと農業が不可能で野菜の手に入らない北極では、ビタミンを補給するため動物の生肉を食べる習慣がある。なかでも肝臓はビタミン補給のための格好の食材で、イヌイットは輪紋海豹を解体するときかならずその場で生レバーを口にいれる。

イラングアは肝臓のあとに眼球もえぐり出し、真ん中の水晶体に切れ目をいれて、中の液体をすすった。

「昔のイヌイットは旅の途中で渇きをおぼえたら、これで喉を潤したんだ」

私も片方の目玉ジュースを同じようにすすったが、ややとろみがあって少々生臭さがあるだけで基本的に無味、旨くもなければ不味くもない。

「この海豹の肝臓はあんまり旨くない。デカいけど年寄りの海豹だ。肉も全部犬の餌だな」といって、彼は切断した肉を次々と橇にはこんだ。

4

結局このときの狩りで獲れたのはこの一頭だけ、その後に私も試みたが、残り百五十メートルあたりであっさり穴に姿を消した。せっかくカムタッホをつくったのに匍匐前進する前の段階で逃げられてしまったのだった。その後は天気が悪くて狩りには出られず、ふたつ目のキビヤは諦めて日本に帰国することとなった。

だが、ここで海豹狩りの顛末《てんまつ》を紹介したのは、じつはキビヤのつくり方や海豹狩りの方法を紹介したいからではない。この狩りには基本的な狩猟行為のエッセンスがつまっているような気がしたからである。エッセンスというのは狩りと土地との関係のことだ。

何年か前に狩りを前提に長い旅をはじめるようになってから、私は狩猟と土地との関係について考えをめぐらせるようになった。人類は農業をはじめる前は狩猟民であったわけだから、狩猟と土地との関係を考えることは、人類と自然との始原の関係を考えることと同じである。その始原的行為である狩猟の核心がどこにあるのかというと、それは人と土地とを結びつけるはたらきにあるのではないか、という気がするのである。

狩猟の成否をわけるのは最終的には偶然性である。狩猟し、動物の命をいただき、かつ毛皮を衣料に活用することでイヌイットは北極圏という厳寒の地で生存してきた。狩猟は土地や自然とおのれの命とをむすびつける行為なのだが、その根幹には、つねに、獲物があらわれるかどうかはそのときにならないとわからないという、人智をこえた偶然性の問題がおかしがたく横たわっている。この問題はどうしようもない。如何《いかん》ともしがたい。実際に獲物があらわれるかどうかは神にしかわからない。この偶然性にわが身の運命をゆだねるという部分に、じつは狩猟者たるイヌイットと土地とを一体化させる作用があるのではないか、と私には思えるのだ。

どういうことか。私は狩猟の時間性について触れたところで、狩りとは漂泊そのものだと書いた。

狩りをするといっても、そこに動物があらわれなければ獲物はとれない。獲物がとれるかは、そのとき、その場でなければわからない。もし獲れれば、その獲ったぶんだけ自分の命はつづくことになり、逆に獲れなければ未来は断絶したままである。このような意味で狩猟者は、獲れるかどうか、食い物が手に入るかどうか、という生存にかかわる究極の部分を、そのときその場に獲物があらわれるかどうかという〈今目の前〉の瞬間の結果に握られている。そしてそれは過去や未来ではなく、現在という瞬間に組みこまれて生きるということである。

狩猟者とは今現在の瞬間に組みこまれることによりはじめて存在できる者のことであり、逆にいえば、狩猟者とは今現在に組みこまれることによってしか存在できない者のことである。今現在のなかに生きているのだから、彼らは、われわれ文明生活者のように、未来予期のフィルターをとおして現在の風景をながめる、そういう仮象世界のなかで生きることはしない。そしてその認識論的哲学をひと言でいいあらわした言葉がナルホイヤである。獲物が十頭とれることを前提にした計画的な仮象のなかではなく、獲物があらわれるかわからないという現実を謙虚に認め、そこにとどまり、無秩序な真の現実に組みこまれて生きる、それが狩猟者であり、彼らは狩りの結果によって異なる未来が切り拓かれてゆく、つまり現在が次々と連続的に推移するような、そんな漂泊的な時間の様相に身をおいているのである。

では、この狩猟者の漂泊的側面を土地という面からみると、どうなるか。

今述べたように、狩猟者は獲物があらわれるかどうかという〈その場性〉、そのときどきの現在の瞬間に運命をからめとられているわけだが、では、獲物があらわれるかどうかという契機を狩猟者に提供する具体的存在が何かというと、それは土地である。そのときどきで巡りあう土地という存在が、狩猟者の前に獲物を差しだし、狩猟者のほうはその土地の気まぐれの恩恵をうけとることで生存をゆるされる。

獲物の出現を通じて狩猟者に生きる機会を提供する土地、この土地という絶対者にたいして狩猟者の意志はなんら通用力をもたない。いくら獲物をとりたいと願っても、そこに偶然、獲物があらわれないかぎり獲りようがない。

相手に組みこまれる、という関係性は、その相手が自分の意志の通じない絶対的超越者でないかぎり、生じないものだ。

もし相手に自分の意志が通じるのであれば、それはその相手を自分でコントロールできるということだから、私がその相手に組みこまれるということはないだろう。たとえばもし狩猟の結果が偶然の産物ではなく、私の意のままになるとする。するとそれは、そろそろ食料が減ってきたから次の谷間に出たときに麝香牛があらわれることにしよう、などと私が意志したときに、本当にそのとおりになるということだから、私はその谷間という土地にたいして超然としており、組みこまれるという間柄にはならない。むしろ逆に私が土地を組みこむ、という関係になるだろう。しかし実際の狩りはそうではない。麝香牛がその谷間に現れるかどうかは、私の意志とは無関係なところで決定されており、その意志の通じない土地の決定に私は従属せざるをえない。このような意味で狩猟者はその土地に組みこまれる。

狩猟者と土地との関係は偶然に支配されており、偶然であるからこそ狩猟者は土地に組みこまれる。

土地に組みこまれ、絡みとられながら生きる、それが狩猟者の基本的な存在論的様態だ。

とはいえ狩猟における人と土地との調和の構造はもう少し複雑だ。というのも、こうした偶然はあまりにも行き当たりばったりで、さすがにそれに百パーセントすがるわけにもいかず、狩猟者は大抵、この偶然を必然に転換させるように努力するからである。この努力の結果のひとつが猟場とよばれるものの存在である。

動物はどこにでも均一に、同じ確率で存在するわけではなく、あたり前だが棲息地には、ある一定の傾向がある。

たとえばライフル片手にあとはサイコロの目にしたがって行く方角を決定し、そこで運よく出会った動物をしとめよう、などと一から十まで完全に偶然性に身をゆだねて流浪したところで、ではそれで狩りができるかといえば、ほとんどできないはずである。いや、もちろん獲物に出会って成功するケースもあるだろうが、しかしその成功は、成功にいたるまでのプロセスの欠落した完全なまぐれだ。なので通常はそのようなやり方はしない。狩りをするにはまず土地にたいする知識が不可欠だ。陸棲動物であればどの場所に生息しているか、そして棲息地はどのような環境なのか、そういった生態や習性に通暁《つうぎょう》する必要があるし、海棲動物であれば、季節ごとの移動の傾向を知る必要があるだろう。そのうえで、そのときどきの気象状況や氷の状態や足跡や糞の状態を分析したうえで、獲物が見つかりそうな場所を絞りこむだろう。

私はグリーンランド北部のことしか知らないが、たとえば麝香牛であれば、長年、同じ土地を歩きまわっているうちに、どこに行けばこの動物がいる可能性が高いか、そこそこ予測できるようになった。あまり出没しない場所もあれば、一方で毎年のように群れていたり、足跡が大量にのこっていたりする場所もある。動物が集まるのは要するに餌の豊富な場所であり、麝香牛の場合は地衣類の豊富な湿っぽい谷筋にいけば見つかる可能性が高い。しかし地図を見て有望そうに思える土地に行っても、実際にそこが麝香牛の棲息地であるかどうかは行ってみなければわからない。その年にたまたまいただけ、ということもある。つまり人間の視点で土地をながめて、あそこにいるんじゃないかと推測して行ってもまったくの空振りということもあり、結局のところ棲息地を知るには、同じ土地に何度も足をはこび、足跡や糞などの痕跡をたしかめ、経年的な出没状況を知る、という地道な努力をつづけるしかない。

海豹の場合でも同じようなことがいえる。海豹は海の動物だが、やはり陸上の動物と同じように出没する可能性の高い場所はおおむね決まっている。海豹はできたばかりの薄い新氷か、氷が厚いときは岬周辺のクラックに呼吸口をあけることが多いが、クラックのできる位置というのがそもそも決まっていて、毎年氷の同じところにひびが入る。クラックの位置が決まっている以上、海中の餌場や海底地形の関係から、このクラックのどこであれば呼吸がしやすいか、という使い勝手のよさが海豹のなかにもたぶんあり、それにしたがってクラックにできる呼吸口の場所もおおむね決まってくる(のだと思われる)。なので、海豹をとるときは呼吸口のできやすい場所を知ることで確率は高くなる。また網をしかけるイッカッド(底の岩にあたってできた割れ目)も同じ場所にできるので、網をしかける場所も毎年変わらない。ここのイッカッドはよく獲れる、というところもあり、そう考えると海豹のほうが麝香牛などより居場所を特定しやすい獲物だといえる。

狩猟とは非常にローカル色のつよい行為である。狩りと無縁な生活をおくる人は、鉄砲をかついでそのへんをふらふらして、出会った動物をしとめてその幸運にすがるというのが狩猟であり、必要なのは狙撃能力だとのイメージがあるかもしれないが、それはまちがいである。この論でいけばゴルゴ13こそ最強の狩猟者ということになるが、ではゴルゴと小イラングアのどちらがシオラパルク周辺で海豹をたくさん獲れるかといえば、それはイラングアだろう。なぜなら、いくら狙撃能力が高くてもゴルゴはシオラパルク周辺の海豹の棲息場所を知らないからである。

狩猟のための第一歩は、どの動物はどこに棲息している可能性が高いかという狩猟者視点で土地を歩きまわり、土地の傾向を幅広く収集することだ。獲物の豊富な場所に出ると、私などは心底〈嗚呼、ここはいい土地だなぁ〉と思えるので、猟場となる地を単純に〈いい土地〉とよんでいるのだが、狩猟者の財産はどれだけこの〈いい土地〉を知っているかだ。地図で見ただけでは何の変哲もないただの土地を〈いい土地〉に変質させるためには、何度も足をはこび、そこには麝香牛がいる、あるいは海豹がいる可能性が高い、ということを経験知として蓄積しなければならない。

そして、この過程には狩猟者と土地との関係性の重要な観点がふくまれている。狩猟者は、過去の努力の成果として知っているその〈いい土地〉に足をはこぶわけであるが、もちろん、最終的にそこで獲物が見つかるかどうかはわからない。今回はダメかもしれないし、あるいは逆にいるかもしれない。その意味で、いくらそこが〈いい土地〉であることがわかっていても、狩猟の最終的な部分は偶然の産物であり、神の御手にゆだねられる。だがこの偶然は完全に真《ま》っ新《さら》な偶然ではなく、その内部には足でかせいだ時間と労力がふくまれており、その意味では偶然のなかに必然が内在している、ともいえる。もし何の根拠もなくただ鉄砲をかついでその辺を流浪して獲物とばったり出会って狩りに成功しても、これでは本当にただの偶然で「幸運だなぁ」との感想以外湧きようもないが、そうではなく、以前そこで何度も麝香牛を見かけたことがあるとか、足跡や糞といった痕跡が大量にのこされていたことがある、と知ったうえで出向き、その結果として狩りに成功したら、その狩りは偶然の結果であるのだが、同時に必然だった、とも感じられる。

つまりこういうことである。狩猟者は偶然に支配されるが、そこが獲物のいる可能性の高い〈いい土地〉であることを知ったうえで狩りに成功したら、その偶然は必然に転換される。あとから必然だったと感じられる偶然こそ、狩猟者にとっての真の偶然なのである。

私と狩りに出たとき、イラングアはたしかにそこに海豹がいるかは「ナルホイヤ」だといった。このナルホイヤは、わからない、偶然に身をゆだねるほかない、という未知を未知として受けとめるナルホイヤであるが、同時にその偶然に処す態度のなかには、もしかしたらあそこにはいるかもしれないという必然性も胎動していた。というのも長年の狩りの経験から、イキナに昼寝海豹がいなくても、その対岸の小島近辺にはいるかもしれない、という知識が彼にはあったからである。私はイキナの麓しか昼寝海豹の居場所を知らないので、そこにいなかった時点で、今年はウーットはいないと判断した。しかし地元猟師であるイラングアは当然のことながら私の知らないイキナ以上の猟場を知っていた。だからこそイキナが不発だった後に双眼鏡でその出没地を観察したのだし、一頭目の狙撃に失敗した後も、「もう少し奥に行くか?」と私に提案したのである。そして結果的にはたまたま海豹がそこで寝転んでいて、彼はその一頭をしとめることができた。

この必然でもあるような偶然。土地との調和、一体化の感覚をもたらすのはこうした必然に転換されうる偶然ではないだろうか。

何度もいうように、経験の蓄積がなく、単に鉄砲をかついで流浪して獲物をしとめてもそれは単なる偶然で、一回こっきりの出来事にすぎず、その偶然のなかで生きたことにはならない。しかし経験の蓄積があり、そこが〈いい土地〉だと知ったうえで、最終的にそこにいるはずだ、という偶然に懸けるとき、人はその偶然のなかに生きることになる。なぜなら、その偶然の内部には、自分の足でかせぎ、時間と労力をかけた結果としてそこが〈いい土地〉であることを知っている、というその人自身のプロセスそのものが内在しているからである。その瞬間だけでなく、それまでの営為と努力が実り、獲物がとれることで生きることが許される。それは土地から狩猟者への祝福以外の何物でもない。

過去のプロセスの帰結として今という瞬間があり、その今の次なる展開として未来が開ける。このような自然な時間の流れが、その土地が提供する獲物との出会いという全一瞬に凝結《ぎょうけつ》する。そのような狩りに成功したとき、人はこの土地により生かされているとの調和の感覚を手にすることになる。

5

実際、本当に単なる偶然でばったり出会った動物を獲ったときと、あそこは〈いい土地〉にちがいないとの目算がはまって獲物がとれたときとでは、同じ獲物でも喜びの度合いは全然ちがう。何といっても、狙いがあたったときは過去の営為が肯定されたような喜びがある。毎年グリーンランド北部をうろつきまわるなかで、私にも何度かそんな震えるような経験があるのだが、たとえば二〇一八年春の旅行で仕留めた麝香牛などがそれだった。

現在の私は多数の犬に橇をひかせる、いわゆる犬橇で旅をしているが、この年はまだ自分で橇を引いてスキーで歩くスタイルで旅をしていた。私にとっては最後となった人力橇旅行である。ただ人力橇とはいえ、運搬の補助兼白熊対策として犬を一頭連れていた。二〇一四年にグリーンランドに来て以来ともに旅をしてきたウヤミリックという犬で、その後も犬橇チームの一員として活躍した私の長年の相棒犬だった。

私と犬がシオラパルクを出発したのは三月中旬、目的地はとくに決めておらず、あえていえば可能なかぎり北に行くことだけを目指していた。目的地を決めなかったのは、それが漂泊であることをつよく意識していたからである。この旅は私にとっては最後の人力橇だったのと同時に、漂泊という行動原理を中核にすえた最初の北極旅行でもあったわけである。出発前から〈今目の前〉でおきる出来事に組みこまれることで次の新しい展開が生じてゆく、そんな時間の流れのなかで旅することを決めており、それを実現するために狩りで食料を現地調達することを前提にしていた。

もちろんそれまでも旅のあいだに、たまたま出没した動物を仕留め、食料として利用したことはあったのだが、それ以前の旅の狩りと、二〇一八年以降の旅の狩りとでは、私のなかでは意味合いが決定的にことなっていた。行先は同じようなところだが行為としては断絶がある。それ以前は動物を獲るといっても、たまたまばったり行き合った動物をしとめていただけで、獲れるか獲れないかは本当に偶然、風まかせだった。だから仮に獲れたとしても単なる幸運以上のものではないし、そんな一か八かに旅の命運を託すことはできないので、狩りで食料を調達することを前提に旅をしたこともなかった。だから、獲れたとしても、もともと準備していた食料のおまけとしての意味しかなく、狩りが成功しようと失敗しようと、その成否で行動の枠組み全体はゆるがなかったわけだ。

しかしこの二〇一八年の旅はそうではなかった。私は旅の周辺部ではなく中心部に、行為の核心に狩りというものをすえた。今の自分なら狩りを前提に旅ができるのではないかとの自信があり、はなから狩りで動物の肉を獲得してそれを食料にすることを前提にしたのである。そんな自信があったのも、それまで極夜探検の準備のために何度もグリーンランド北部を広大な範囲で歩きまわっており、どのあたりに麝香牛が棲息していて、どのあたりに兎が群れているといった知識をためこんでいたからだ。狩りはローカルな行為である、とさきほど書いたが、狩猟の必要条件となる土地の知識を、私は期せずして蓄積していたのである。

事前に、まずまちがいなく獲れるだろうと想定していた獲物は、兎だ。このときはまだ犬橇ではなく一人一頭体制で頭数が少なかったので、兎一匹でも十分一日分の食料になった。旅のルートどりも兎がいると思われる地域を中心に組みたて、最低でも二十羽は獲ろうと目算をたてていた。兎にくわえて帰路の食料としてあてにしていたのが、例のキビヤの材料にもなるアッパリアスである。首尾よく獲物が獲れて旅の期間が後ろにずれこめば、アッパリアスが飛来する五月中旬に突入するので、その時期にイータという繁殖地にいけば、一日百羽以上の猟果が確実にみこめると考えていた。

ところがやってみると、そこはやはり漂泊で、そう都合よくはいかない。想定外だったのは積雪量の多さだ。内陸氷床を越えた先ではじまるツンドラ地帯で兎を獲るつもりだったのだが、雪が多すぎるのか、例年なら夥《おびただ》しい数を見かける兎がまったく見つからない。足跡や糞も皆無である。進めば進むほど雪は多くなり、ついにはプラスチックの予備の橇に荷物をわけて、一台をはこんでは残りの一台を取りにもどり、と尺取虫みたいに進む羽目となった。来る日も来る日もそんなことをつづけ、いつしか食料も枯渇し、それ以上の前進が覚束《おぼつか》ない状況となっていった。

兎はまったく見つからず、その先にいるとも思えない。だが私にはまだ、あそこに行けば獲物が手に入るのではないか、との希望があった。三年前の夏に、極夜探検の準備のためにザックをかついでそのあたりのツンドラを渡り歩いたことがあったのだが、その途上、とある目立たない小さな谷に足を踏みいれたとき、五頭から十頭ばかりの麝香牛の群れが三集団もうろうろと屯《たむろ》するのを見かけたことがあったのだ。

麝香牛は餌をもとめて広くツンドラを移動しており、とくに決まった棲息地をもっているわけではない（これは麝香牛にかぎった話ではないが）。その意味ではどこで会えるかわからないし、逆にいえばどこででも会える可能性のある動物だともいえるが、その一方で、行けば、まあ五割以上の確率で見つかるかな、という有望な餌場もある。これまでの旅から私はそういう場所をいくつか知っていたが、このとき入りこんだのもそうした知識としてストックしていた餌場のひとつで、そのまま直進すればそこに入りこむはずだったのである。

というか、旅の前に机上で旅のルートを考えたときに、もし兎が手に入らなくても、この谷に行けば麝香牛がいるはずだとの期待があったので、私はその谷間をルートのなかに組みこんでいたのだった。その意味でこの麝香牛の餌場自体、今の自分には狩猟漂泊ができるはずだという根拠のひとつになっていたともいえる。

兎が見つからず、深雪に喘《あえ》ぎながら私と犬はその谷に近づいた。谷の手前の湖や峠からすでにして夥しい数の麝香牛の足跡が出現しはじめており、やがてちょっとした小高い丘のうえに飛びだした。眼下にはべったりと雪の張りついた雪原がのびている。丘の下で、じつにのんびりした様子で雪を掘りおこし地苔を食んでいる麝香牛の群れを見たときは、自分の予測がぴたりとはまった興奮で拳を握りしめた。

6

偶然の出来事は私の意志では制御できない。おのれの意志とは無関係に私の運命を決定する何かに、最後は自分の未来を賭けるよりほかない、というのが狩猟者という存在である。

獲れたら未来は生じるし、獲れなかったらその時点で過去からの線が途切れる。そして狩猟者の運命を決定づけるのは、その偶然の機会を狩猟者にもたらす土地という存在である。いるはずなのに、何故かいない。不安が増すなか、でもいるはずだ、と信じて旅をつづけて、やっぱり本当にいたときの安堵感、旅がつながった（命がつながった）との喜び、それは何ものにもかえがたい。獲れるか獲れないかという、こちらの意図や事情を超越した〈今目の前〉に組みこまれることで、その機会を提供する物理的当事者たる土地に組みこまれ、土地とつながり、調和する。

未来の道づけをしてくれたその土地は、他の土地から区分されて特別な場所となり、物語化され、名をあたえられ、人びとにとって特殊な意味をおびるようになるだろう。狩猟者から見ると土地というのは、ある意味、運命を差配する有無を言わさない不条理な存在なのだが、しかし不条理で、ままならぬ存在であるからこそ、土地は人間にとって聖地となり信仰の対象にさえなる。そう考えると、狩りとは単に生きるために必要な資源を獲得するための手段なのではなく、偶然つまり無秩序なカオスをつうじて人間が土地と——もっといえば自然あるいは外の世界と——つながる始原の行為である。元来、人は動物を獲って命を確保することによって、自然の神秘に触れることができたのだった。

人間にとって神とは何なのか、狩りをすることで私はそんなことも時折考えるようになった。たとえば今書いた麝香牛のケースなどそうだが、狩りをしていると獲物のほうからあえて積極的に私の前に姿をさらし、身をささげたのではないか、と思えるときがある。人間の側の身勝手な妄念といえばそれまでだが、一方でこの妄念は、もしかしたら科学的な根拠があるのではないかとの、さらなる妄念をもよびおこす。

どういうことかいうと、あそこに行けば獲物がいるのでは、と期待してそこに行き、実際に獲物がいたとき、私には、これは量子力学における観測問題とまったく同じなのではないかと思えるのである。

通常レベルの人間の思考能力では到底理解できない量子力学の真髄ともいわれるこの問題を的確に解説する資格も能力も私にはないのだが、ごく大雑把にいうと（細部に言及するとボロが出るので）、観測問題とは、観測という人間の行為が介入することで物事の結果が変わってしまうことをいう。

有名なのは二重スリット実験とよばれるものだ。縦に二本スリットのはいった衝立《ついたて》に粒子をとばして、後ろの壁にどのような模様がうかびあがるか調べる。われわれが生きている経験世界、つまりマクロな世界では、この実験の結果は予測できる。たとえばピンポン玉ぐらいの大きさの玉を二本のスリットのあいた衝立に向けて大量に飛ばしたら、スリットを通り抜けた玉が次の壁に模様をつくり、スリットを通り抜けなかった玉は衝立にぶつかって落ちるだけだ。である以上、後ろの壁にはスリットを通過した玉がつくる二本の線ができるはずである。そして事実、そのとおりになる。

ところがこれと同じことをミクロレベルの量子でやると、奇妙なことがおきるらしい。まず人の観測という介入なしに、つまり純粋に実験だけをおこなえば、スリット衝立の後ろの壁にはいくつもの縦線が浮かびあがる。しかしカメラなどで観測してまったく同じ実験をおこなうと、後ろにできる壁の模様が変わり、ピンポン玉のときと同じように二本の線が浮かびあがるというのだ。要するにミクロの量子の世界では観測という人間の行為が介入することによって実験結果が変わり、分散していた量子の軌道がひとつに確定するのである。

何をいっているのかさっぱりわからないと思うが、しかし、これはわからないのがあたり前なのである。なぜならこの実験が伝えていることは、量子の世界はわれわれが感覚的に受けいれることのできる法則とは別の法則に支配されている、ということだからだ。

この実験結果は因果律に支配されたわれわれの思考の能力では、到底理解がおよばないものである。物事には原因があって結果が出る、と私たちは考える。たとえば大きなボールを押して転がすとき、ボールが転がるのは私が押したからである。やがてボールは壁にぶつかって止まるが、転がりはじめてから止まるまでボールの動きは予測できる。その様子を見る人がいてもいなくても、結果に変化が生じるわけではなく、ボールは力学的な規則性という明確な因果に支配されて動いている。ところが量子力学の世界では、このボールの動きは予測できないものとなる。動きはじめたボールが壁のAという部分に向かうのか、Bという部分に向かうのか、観測するたびに結果がことなり、原因と結果との間に予測不能変数が介在するのである。

量子の世界は単純な因果に支配されているわけではなく、その動きは事前には読めない。アインシュタインはこの量子力学が導きだした結果を受けいれることができず、「神はサイコロを振らない」という有名な言葉をのこしたほどだ。

私が狩りによって想起する神の概念は、アインシュタインのこの言葉である。ただしアインシュタインはサイコロをふらない存在として神をもちだしたが、私が思い浮かべる神は、サイコロをふる存在としての神である。量子力学の世界では、原因と結果とのあいだに人間の思考能力を超えた予測不能変数が存在する。これは人智のおよばない力であり、その意味では神が介入しているとしか表現のしようがない。神はサイコロをふる。というか、サイコロをふることができるこの宇宙で唯一の存在、人はそれを神と呼びならわしてきたのではないか。

この人智を超えた神の介在を論理的に説明するために量子物理学者たちが考えだした解釈が、〈重ねあわせ〉と呼ばれる状態だ。コペンハーゲン解釈とも呼ばれるこの解釈は、量子が動くとき、Aという状態とそれとはことなるBという状態が同時に、並行して、つまり重ねあわせたような状態で存在するという考え方だ。

よく知られるのが〈シュレーディンガーの猫〉と呼ばれる思考実験である。ある特殊な箱に猫をとじこめて、外からは見えない状態にする。この箱には青酸ガスが噴きだす特殊な装置が取りつけられているのだが、ガスが噴きだすかどうかは完全にアトランダムで外からはうかがい知れない。ガスが噴きだせば猫は死ぬし、噴きださなければ元気なままだ。その確率は完璧に二分の一、結果は箱をあけてみるまでわからない。さて箱のなかで猫はどのような状態でいるだろうか？

常識的な直感からすると、密閉された箱のなかで猫は死んでいるか、生きているかのどちらかの状態にある、と考えるのが自然だ。ふたを開けたときに生死の結果はわかるが、それは実験者が知るのがその瞬間だ、というだけで、実際の生死はその前から決まっている。

ところが量子力学の世界では、そのようには解釈されないという。密閉された箱のなかで猫は生と死が重なりあった状態になっている、との摩訶不思議な説明がなされる。もちろん箱をあけたとき猫は死んでいるか生きているか、どちらかの状態で発見されるわけだが、しかしその瞬間まで猫は死んでもいるし生きてもいるという二重の状態にある。そして箱をあけて観測という介入がはいった瞬間、二重状態にあった猫は生か死かのどちらかの状態に収束し、人間の目にはその結果があらわれるというのである。まったくもって直観的理解からはかけ離れた解釈だが、二重スリットの実験などからみると、現実に量子の世界ではこのような重ねあわせの状態が発生していると考えられるらしい。

あそこに行けば麝香牛がいるかもしれない、と期待し、私が例の餌場をめざしたとき、麝香牛はシュレーディンガーの猫のように〈そこにいるのだけれども、同時にいない〉という重ねあわせの状態にあったのではないか。私が狩猟者としてそこに足をはこんだ、つまり観測と同じように外から私が介入したことで、麝香牛の群れはそこに〈いる〉ほうの状態に物理的収束をおこし、私の前に姿をあらわしたのではないか。あたかも獲物が自ら私に身をささげたかのように感じられるのは、私自身が介入者となることで獲物が物理的存在物として結晶したからではないか。つまり本当に私が原因だからなのではないか。狙った場所で獲物がとれたときはそんな感覚におそわれる。

これは単なる私の妄念だが、でもいくばくかの真実も宿っているのではないか、とも思う。もし本当に私自身が麝香牛がそこにいたことの原因だったとしても、獲物が〈いる／いない〉のどちらの状態に収束するのかは現場にいくまでわからない。狩猟の世界には、因と果の間に偶然という量子力学的とよびたくなる予測不能変数が絶対的に介在している。この予測不能変数は、二重スリット実験をみてもわかるように、われわれの直感的理解を大きく逸脱しており、これを前にすると無力な人間は何ひとつ言いあらわすべき言葉を失い、うなだれるほかない。アインシュタインほどの天才でさえ、この不条理な現実を前にしては子供のような拒否反応をしめすほかなかったのだ。狩猟民時代、人の生活は偶然のはからいに全体がまるごとゆだねられていた。この偶然という予測不能変数にたいして人が思考をはたらかせる余地がもしあるとすれば、それは何がしかの超越的存在が、すなわち人間の理解を超えた原理がはたらき、この〈いる／いない〉問題を決定しているのではないか、との思考なのではなかろうか。その理解不能な量子力学的超越者を古来、人は神とよんできたのではないだろうか。

神とは元来、この〈いるか／いないか〉という重ねあわせの状態を、量子力学的に収束させるためにサイコロをふる存在として概念化されたものだといえるのかもしれない。予測不能な無秩序のなかにいると、人は落ち着かず、精神的に不安定になるので、この無秩序を安定させる必要性を感じる。そのためにこしらえられた概念が神であり、その神の御名のもとに人びとは秩序を形成して心の平安をえることができた、とそんなふうに思われる。

この神という存在を運命という言葉から理解することもできるだろう。

運命とは偶然が必然に転換したときにわきあがる思い、感慨のことである。人が運命を見出すとき、そこにはかならず、そうでなければならなかったという必然性が感じられる。しかし必然だけでは運命となるには不十分で、同時にそれは偶然でもなければならない。ある出会いがあり、それを運命だと感じるとき、その出会いのなかには必然性が宿っていなければならないが、同時に偶然でもなければ運命にはならないはずだ。

もっといえば偶然が必然に転換し、その出来事は必然だったのだと感じられる、そういう飛躍がおきたとき、人はそれを運命と感じ、そう呼ぶ。その意味で、その出会いが運命となるかどうかは人智を超えている。人は自分の力で偶然を必然にかえることはできない。偶然が必然にかわるのは運命の結果であり、何がその運命をもたらしたのかと思考をめぐらせたときに唯一思いつくのが、神のような超越的概念だ。

運命を感じる出来事としては、もっとも普遍的なのはおそらく子の誕生だろう。考えてみれば子供というのは不思議な存在だ。子の誕生はまさに数えきれないほどの偶然がつみかさなった結果として生じる。親である父と母の出会いも偶然の結果であるし、結婚にいたるまでの道程にもいくつもの偶然が介在している。男女が交接して受精に結びつくまでの過程ひとつ取りだしてみても、その子が誕生したことの偶然性には驚嘆するほかない。というのも、一度の射精で放出される精子の数は二億とも三億ともいわれており、たまたま二億匹のうちの一匹が着床したから今の子が生まれたわけで、これがもし別の精子が受精していたらそれとは別の子が生まれていたからである。このように考えたら、その子が生まれたのはまぎれもなく奇跡的な偶然の所産というほかないのだが、当の親から見たら、自分の子供はその子以外には考えられず、その意味でその子が生まれたのはまさしく必然としか思えない。そしてこのような、まぎれもなく偶然であるのだが、でも必然としてしか理解できないわが子との関係を、親は運命という語をもちいて納得する。そして、もしこの子が生まれたことを感謝したいという気持ちになったときに何に感謝するかといえば、それは神以外にないだろう。なぜならこのような人智を超えた運命をもたらすことができる存在は、神としか呼びようがないからだ。

生まれたのはこの子である、との偶然を受けいれなければ、親子関係は一歩も踏みだすことができない。どんな子が生まれても、親はそれを受けいれるほかなく、そこには選択の余地はない。親子関係においては自分の意志が介在する契機は存在せず、親は生まれた子との関係のなかに否応なく組みこまれ、子もまた産んだ親との関係に強制的に組みこまれる。隣の子を見て、あっちのほうがよかったなぁ、などといった選別や好き嫌い、あるいは、あのときこうしておけばよかったなどという後悔など、意志をベースに発生する心理状態は、運命という関係性のなかにおいては意味がない。言い訳が通用しない、という意味ではこれは不条理な関係なのだが、しかし受けいれるよりほかない関係であるからこそ、親子は親子として調和にいたることができる。

これと同じような関係が狩猟の現場にもある。狩りに成功したとき、その瞬間のもっとも究極的な部分には、絶対的偶然性が存在している。どんなにその土地に通暁しても、この偶然性は解消されず、狩猟者はその現場にいかなければ獲物がいるかはわからない。結果がどんなものであれ、それを甘んじて受けいれる以外に選択肢はないのだが、受けいれるよりほかないからこそ、狩猟者はその土地と、まさにこの世界の現実と強烈に結びつくのである。

死んだ動物の眼

1

シオラパルクでは、ほぼ毎日のように殺された動物の姿を見かける。解体がおわった肉の塊は犬に食べられないように櫓《やぐら》の上に、あるいは巨大な木箱のなかに貯蔵され、解体前の輪紋海豹《ワモンアザラシ》が家の前にごろんと転がり、家のなかでは皮をはがれた海豹が天井のフックからぶら下がっている。

村の浜辺で獲物が解体されることも多い。沿岸の猟や近場の呼吸口で海豹がとれると、目の前で解体ショーがはじまる。海豹などめずらしくもなんともないので誰も気にしないが、鯨や海象《セイウチ》などの大物の解体が浜辺ではじまると、女子供が家からぞろぞろ出てきて興奮気味に作業を見守る。デカい獲物は単純に人間の心に畏敬の気持ちを生じさせ、どこか興奮の渦にさそいこむのだろう。

動物の肉を食べるか食べないかという点で区分すると、東京で都市生活をいとなむ日本人とシオラパルクの村人との間には、ほとんど差異はない。たしかに肉食をさける菜食主義者もいるが、基本的に多くの現代日本人はイヌイットと同じく肉を好んで食べる。異なるのは肉を食すためにその動物を自分の手で殺生《せっしょう》するかどうか、あるいは殺生される場面を日常的に目の当たりにするかどうかである。

われわれ日本人は屠畜《とちく》の過程を見ずに肉を食す。しかしイヌイットはその過程を見たうえで食す。

簡単にいえばそういうことであるが、この〈見る／見ない〉のあいだには乗り越え不可能な決定的断絶がある、と私は思う。

グリーンランドを訪れるようになってつよく感じるようになったのが、食の対象となる動物の死体を見ることとの意味である。とりわけ死というものを私の心につよく突き刺してくるのが、虚ろになった動物たちの眼である。

今もなぜか脳裏からはなれない、非常に印象的な死体の眼がある。たとえば次のような海象の眼。

そのとき私は日本から助っ人で駆けつけてくれた若い友人とともに、カヤックで村を漕ぎだしたところだった。目的は冬に予定していた極夜探検のためのデポ（備蓄用の物資）を、はるか北方にある無人小屋まではこぶことで、カヤックには探検でつかうための食料や燃料やらが満載となっていた。

このとき私たちが何よりもおそれていたのが海象である。

出発は六月中旬、冬に海をおおいつくしていた海氷が融解、流出し、浮氷《ふひょう》となって大海をただよっていた。氷が流れて海面が開くと海象の旅がはじまる。冬のあいだに過ごしていた南部の海から、少しでも海水温の低い北の海へ行き、そこで夏場を乗り切るためだ。ちょうど氷が開きはじめたこの時期は、南にいた海象がいっせいに北にむかう季節だった。

この時期の海象は気が荒い。というのも南から北に、まともに餌も食べずに一気に長旅をするので腹が減り、気が立っているからである。南から沖合を北上してきた海象は、シオラパルクから五十キロほど北にあるピトラフィという地から海岸に近づき、そこから沿岸を北上する。当然のことながら、大量の海象が北上するこの季節はシオラパルクの村人にとっては狩りの季節であり、皆、モーターボートで出猟するのだが、ボートに乗っていても海象は牙を突きたてて追いかけてくることがあり、恐ろしいらしい。

弱ったことに、この海象の移動ルートは、私たちのカヤック航海ルートと完全にかさなっていた。カヤックはそもそもイヌイットが生みだした舟で、カヤックという言葉もイヌイット語なのだが(モーターボートはウミヤックとよばれる)、その生みの親であるイヌイットたちでさえ、海象の多い海域ではあまりに危険なのでカヤックには乗らないというのである。その証拠にシオラパルクから六十キロ東にはなれたカナックの海は大きな内湾になっており、海象の移動ルートからはなれているため、この住民が鯨狩りをするときはカヤックをつかう。だが、多数の海象が群れて移動しているシオラパルクの近海では、カヤックではなくモーターボートで狩りをする。

それぐらい地元民は海象をおそれ細心をはらっているので、私たちがカヤックで北の海にむかうというと、やめろ、ウミヤックで行け、と散々中止を勧告され、計画の再考をうながされた。しかし話せば長くなる事情が色々とあって、私たちはカヤックで村を出た、とこういうわけだった。

村を出て五キロほどのイッドゥルアッホというあたりで、アッパリアス猟をしていたトゥーマッハとピピアの夫婦が搭乗したモーターボートがやって来た。すれちがいざま、いつもにこにこ、げらげら愛想のいいピピアが大声で「海象がいっぱいいるわよ!」と何やら楽しげに叫んだ。

しかしやめるわけにはいかないので、そのまま漕ぎ進めた。

次にピピアの親であるカガヤとプトゥの老夫妻のボートがあらわれ、やはり同じ警告を発して村に去っていった。

さらに十五分ほど漕いだところで、また前方からモーターボートがエンジン音をがなりたててやって来た。乗っているのはケットゥッドゥとユーソフィの二人組である。ケットゥッドゥは冒頭で紹介した奥さんに先立たれて犬をすべて処分した男、ユーソフィは村一番の長老格である。二人はわれわれに気づくとエンジンの回転数をおとし、接近してきた。

「どこに行ってきたんだ?」と訊くと、

「アノイトーだよ」とケットゥッドゥが答えた。

アノイトーはピトラフィよりさらに北で、かつてスミス海峡が凍結していた時代はカナダにむかうための出発地となった地点である。彼は大袈裟に腕で波をえがきながら「アーウィ・アマッタヒウ(海象がたくさんいる)」と興奮気味に話しており、その様子から、すでに同地近辺には夥《おびただ》しい数の海象が群れ、海竜《かいりゅう》のように身体をうねらせながら泳ぎまわっていると推察された。アノイトーよりももっと先まで行こうとしていた私は、彼らの情報を聞き、なんとも嫌な気持ちになったものである。

私の記憶にのこる海象の眼とは、そのとき見た眼である。

狩りは大猟だったようで、ボートのデッキには切断された大量の肉塊が無造作に積みあげられ、血で赤く染まっていた。胴体だけではなく、立派な髭と大きな牙の生えた頭部、つまり生首もごろりところがっている。ケットゥッドゥの話を聞きながら、いつのまにか私の視線は切断された海象の頭部に釘づけとなった。眼は眠たそうに半開きとなり私のほうに角度をむけている。魂の抜けた眼のたたえる虚無が、鋭い錐《きり》となって私の心を突き刺した。むごたらしく切断された胴体よりも、はるかにつよい力で、なぜか眼は死の現実を物語っているのだった。

生死にかかわらず、人間であろうと動物であろうと、私たちは生き物を前にしたとき反射的にまず相手の眼に視線がいく。そして生者と死者の眼のちがいは、そこに魂が感じられるかどうか、だ。魂とは何か。それは本来、単なる有機化合物の集合体にすぎない生物に、意識のうごきを生じさせる見えない動因のようなものだ。生者の眼にはそのような魂なるものがあり、死んだとたんに魂は抜けて虚ろになる。狩りをして死んだ獲物を前にして驚くのは、劇的かつ残酷なまでの眼のそうした変化である。死んだ動物の眼からは魂が抜けていると感じられるだけに、逆にそれが、そこにまだ魂があった頃のことが、生が宿っていた頃のことが想起されて、見る者につよい衝撃をあたえるのである。

その海象の眼は、とりわけ死者の眼がもつ虚しさ、儚《はかな》さをつよく私に訴えかけてきた。

2

自分で獲物を撃ちとめたときも、私の心は眼によってつよく打たれる。自分で殺しておいて心が打たれるも何もあったものではないが、でもたしかに、眼をみたときに私は自分が殺した動物から、その自分の殺し行為の正当性をつよく問われている気持ちになり、心が揺さぶられるのである。狩りで動物の命をうばい、死んだ眼をみたときにわきおこる感情が何なのかと考えると、それは負い目以外の何物でもない。

だが、殺しの負い目は慣れることにより次第にうすらいでゆくものでもある。

私が北極の旅ではじめて狩猟した動物は、二〇一一年の長期にわたる極北カナダの徒歩旅行中における麝香牛《ジャコウウシ》だ。この麝香牛は母牛だったようで、死んだ後も仔牛が傍に寄りそいメーメーと山羊のような鳴き声をあげていた。その鳴き声は母を失った子の切実な感情にあふれていて、声や動きの一つひとつが私をひどく動揺させた。さらに解体をおえてその場を立ち去ろうとすると、仔牛はまるで私たちの殺しを糾弾するように、非難めいた絶叫をあげて突進してきた。その行動に私はつよく狼狽《うろた》え、混乱し、罪の意識を刺激された。

だがそれほどの大きな負い目を感じたのは、このときだけである。

それからも私は幾度となく兎や海豹、ときには狼といった動物を狙撃し、それを旅の食料資源にしたが、回数をかさねるほど殺しにともなう罪悪感は希釈され、しだいに殺しに慣れていった。しかし、それでもやはり嫌な感じは完全に払拭されることはない。引き金をひく瞬間までは、絶対に獲ってやる決意というか、口から生唾がにじむ緊張感に支配されるが、狩りに成功して緊張が解除されてホッと安堵した後に、冷静に自分の行為を反芻《はんすう》する瞬間がやってきて、殺しの負い目がわきあがる。

たとえば前章で触れた麝香牛狩りのときも、そのような負い目が生じた。

あのときは深雪にあえぎ、食料が不足する不安があったなかで仕留めた麝香牛であったたし、そもそもこの旅は狩りを前提としていたものだったわけだから、実際に狙った個体に弾が命中し倒れたときは、神の恩寵《おんちょう》を逃さなかった安堵と、旅がつながった喜びで私は雄たけびをあげた。でも矛盾しているようだが、狩りに成功したときに胸につきあげてくる感情は肯定的なものだけでなく、殺しの負い目もやはりある。そしてこの負い目は動物の眼をみて、気持ちが厳粛になったときにかならずわきあがるものなのである。

私のことを見つめる眼、それは殺した獲物の眼だけではない。麝香牛の場合は群れで移動していることが多く、大抵の場合、銃声が轟くと群れの他の個体はいっせいに雪煙をまきあげ、逃走を開始して、私とのあいだに距離をとる。はるか遠くに姿を消すこともあれば、百メートルほどで遁走《とんそう》をやめ、そこでたたずんでいる場合もある。このときは後者のケースだった。逃げた麝香牛たちは百メートルほどで走るのをやめ、そしてこちらをふりむき、一斉に私のほうを凝視した。私は、麝香牛たちが見つめる状況のなかで撃った個体の解体をつづけたのだった。

そうなると当然のことながら私の意識には、この麝香牛たちは仲間の死体を切り刻む自分をどのように見ているのだろうか、との疑問がうかぶわけだ。

殺してしまったという負い目があったので、解体をおえてテントにはいったあと、私はそのことについて考えた。

なぜこのような負い目が生じるのか。狩猟するかぎり、この負い目は永久に消えないのか。べつに負い目を払拭したいわけではないが、ただ、いつまでも心の襞《ひだ》にこびりつく、この落ち着かない感情の正体が気になる。シオラパルクの猟師は毎日のように海豹や海象を殺生しているが、狩りや解体の現場を見るかぎり、彼らが同じような負い目を感じているふうには見えない。昔はどうか知らないが、今は儀式などものこっていない。一角や白熊などの大物の狩りに成功したときなどは記念撮影などすることもあり、その意味ではわりと無邪気だ。しかし自分のケースで考えても、慣れによって希釈され、薄められたこの負い目は、かならずしも表面化するものではなく、蝋燭《ろうそく》の炎のように心の内部でほんのりと灯るだけである。だとすれば、彼らも意識の内部で日々、この見えない負い目を引きうけているかもしれない。

そんなことをじくじくと考えているうちに、私は、ふとあることに気づいた。

この負い目の落ち着かなさの淵源《えんげん》は何なのか。というと、それはもしかしたら動物の側からの私にたいする生への問いかけなのではないだろうか。

動物を殺生する狩りという行為は端的に暴力そのものである。しかし、殺戮者である私の側にもこの暴力を正当化する理屈がないわけではない。

たしかに私は麝香牛を撃ち殺した。でもこの殺しは不当な殺しではない。なぜなら、私は旅を続行するために食料が必要であり、その意味でこの狩りは生きるのに必要な最低限の資源を手にいれるための殺しだからである。密猟して金儲けしようとか、大きな枝角《えだづの》を手にいれてレコードブックに記載して他人に自慢しようとか、そういうあさましい理由でやっているわけではなく、純然たる生命の保持活動である。その証拠に私は殺したこの麝香牛の肉を可能なかぎり採集して、無駄なく消費しようとつとめている。

旅のため、という理由がそもそも不届き千万なのだ、と反論する人もいるかもしれないが、それは的外れである。なぜなら旅に出ようと出まいと、日本の日常やシオラパルクでの生活でも、私は豚なり牛なり海豹なり、何らかの動物の肉を食べるからだ。私が肉を食べる以上、そのために殺されている動物がいるわけで、そう考えると私の食のために殺される動物の総量はかわらない。つまり旅に出ようと出まいと、私の食のために殺される動物がかならずどこかにいる。となると、スーパーで買った肉を食べることと、自分で狩猟した肉を食べることとのちがいは、結局のところ殺しの作業を誰が引きうけるのかという点に収斂《しゅうれん》する。

どちらにせよ人は他の生き物を殺生しないと生きていけず、それは揺るがない。狩りが残酷だというのは、殺生という嫌悪すべき作業をむき出しにされたことからくる単なる感情論にすぎない。動物の肉を食べておきながら、そのために必要な殺しの作業を他者の手にまかせることは、食の裏に不可避的にひそむ殺生という事実から目を背けているぶん、むしろ欺瞞である。筋論でいえば、肉を食すという行為は本来、殺しを引きうけ、その動物が生きていたことを想起したうえでなければやってはならないことなのである。そうでなければ食べられる動物にたいして失礼ではないだろうか。

と、簡単にまとめれば、これが私にかぎらず狩猟者が動物を殺すことを正当化するオーソドックスな論理だろう。私もこれは基本的に筋がとおっていると思うので、世間向けにはこの理屈で自分の狩猟行為を正当化することにしている。

しかし、現実の狩猟の現場では、このような平板な机上の論理はいとも簡単に破綻してしまうのである。

なぜ破綻するのかというと、それは狩りをするとかならず負い目をかかえるからである。そしてその負い目をもたらすのが、その私の殺しを見つめる死んだ動物の眼なのである。

動物を狩猟し、その死んだ眼とむきあったとき、あるいは私の殺しを見ている群れの他の個体の視線にさらされたとき、私は負い目をかかえる。もし今書いた論理が完璧で、矛盾のないものであれば、こんな負い目を感じる道理はないはずである。なのに現実には負い目は生じる。ということはこの論理は、狩りの現場においては論理として成り立っていないということだ。

少なくとも今私が書いた狩りの正当化論理は、眼が突きつける負い目により無効化される。では負い目が意味するものは何なのか。

ちょっと考えればわかることだが、生きるために必要だという、この狩りの正当化論は、じつは自分と同じ人間社会にむけて組みたてられた理屈にすぎない。人が生きるために動物を殺生するのは仕方がない、というのはあきらかに人間中心主義の産物であり、その意味では都市の論理であって野生の論理ではない。人間の側の一方的な言い分なのである。だから目の前で殺された動物にたいしては何ら説得力を有していない。はねかえされる。一方、狩りによって生じる負い目は、人間にむけたこの正当化論理のとどかない、殺された動物の側からひびく声によってもたらされるものなのである。

つまるところ、この負い目は次のような負い目だ。

生きるために必要だという理由で自分はこの動物を殺した。だが、この動物を殺してまで自分は生きるに値する存在なのだろうか？

そしてさらに考究すれば、負い目が生じるということは、自分の視点が動物の視点に転換しているということでもある。

たしかに客観的には私の眼は死んだ動物の眼を見ている。このことにまちがいはない。しかし、負い目が意味するこのような疑問が、動物の視点からなげかけられたものである以上、同時に私は、死んだ動物の眼でおのれの行為を客体視してながめている、という位相にもたっているはずである。つまり負い目を感じているとき、私は狩猟者の立場だけでなく、死んだ動物の立場にたち、おのれの行為を外から俯瞰しているのである。

負い目をもたらすのは、獲物としてねらわれた動物たちの目である。動物の目をのぞきこむことで、私の視点は動物の視点に転換され、逆に動物の目で自分の行為を凝視する。視点が転換することにより、そこからおのずと生じてくる動物の側からのおのれの行為の告発。虚ろになった眼《まなこ》から消えてしまった魂が発する、お前にはそれをやる権利があるのか、との問いかけ。殺しの負い目が意味するのは、これだ。死んだ動物の眼は、私自身の眼となり、私の内側をのぞきこみ、私の生の正当性そのものをぐらぐらゆさぶるのだ。

肉を食すという行為の傍らには、本来、このような、自分が生きているのは正当なのか、殺した動物に見合った存在であれているのか、という実存の根底にかかわる緊張感が横たわっている。

しかしそれにしても、なぜ動物の視点から自分の汚れた手を見つめなければならないのか？

3

狩猟行為は動物を殺す以上、暴力以外の何物でもないが、しかしそこには同時に、人間の側をはなれて動物の側にたつという機制がそなわってもいる。負い目が意味するのは、殺しておきながら殺した相手と一体化するという、そうした逆説的ともいえる狩りのメカニズムである。

しかし殺しの負い目が意味するものは、そこにはとどまらない。

なぜ負い目が生じるのか、あらためてその理由を考えてみると、今述べたように、狩りをして動物を殺生したとき、私の眼は〈自分の目で獲物を見る〉という視点から転換し、〈獲物の目で自分を見る〉という視点にたっているわけだが、そもそもこの視点は、自分とその動物を同一の地平に見る、同じレベルの存在として認める、という境位にたたないと成り立たないものではないだろうか。

どういうことかというと、たとえば極端な話、蟻一匹を殺すときに麝香牛のときと同じような負い目が生じるかというと、それはよほど感受性の鋭い人か悟りの境地に至った人でなければありえないんじゃないか、と個人的には思う。地球上の生き物これすべて平等、という思想は、理念として立派だし尊重すべきだとは思うが、しかし現実問題として狩りをやってみると、やはり小さな獲物より大きな獲物のほうが殺しの衝撃は大きい。近代的理想主義や時代の価値観を脱ぎすてて、一匹の人間としての感情をみつめたとき、鰺《アジ》よりも鮪《マグロ》のほうが、イグアナよりコモドオオトカゲのほうが、兎より羆《ヒグマ》のほうが、殺したときの感情の振幅は大きくなるはずである。べつに科学的根拠をもちあわせているわけではないが、人間の心性のなかには、大きなもの、偉大なものにたいする根源的な畏敬の念があり、自分と同等か、あるいはそれ以上の存在を殺したときのほうが、こんなに立派な動物の命を奪ってしまった、と罪悪感が大きくなるように思われる。

個人的な経験から察するに、動物との視点の転換がおきるのは、おそらく、この、自分と同等かあるいはそれ以上の存在を殺してしまった、という原初的な畏怖の念が生じたときだ。

私は一頭の麝香牛を殺した。この麝香牛は体長も体重も私よりはるかに大きな存在である。その大きな動物たちが――逃げて少し離れたところにたたずむ群れの他の個体が――私の殺害および解体行為を終始観察している。

しかも、デカいだけではない。かなり高等な知性を有していることも、その仕種からはうかがえる。麝香牛の挙動を見ていると、この動物は死という観念を理解しているのではないか、との思いがわくのを抑えられなくなることがある。この感覚は私にとっては確信に近い感覚だ。死の観念をもっているのは人間だけだというのが学術的通説なのかもしれないが、狩りの現場における狩猟者と動物の関係性においては通説的に正しいのかどうかはあまり本質的なことではなく、狩猟した人間の目に動物がどのような存在として映るのかがキモである。

たしかに、死を認識している、と思わせるそぶりを動物たちはする。もちろん眼から涙を流すわけではない。悲しみの咆哮《ほうこう》をあげるわけではない。しかし狼狽《うろた》え、動揺し、何らかの精神的な衝撃をうけているようには見える。仲間が解体されている光景を凝視している姿などは、まるでひそひそと論評しながら、さきほどまで元気だった仲間の命がうしなわれた事実を心にかみ砕こうと努力しているかのようだ。あるいは、撃たれてもその場で即死せず、深手を負いながら逃げるケースもある。そういう場合、ほかの仲間は、足どりがよたよたになり、群れに付いていけない仲間を、その場でしばらく待つ、ということもする。これは死の淵においやられた仲間に、なんとか生きてもらいたいと願う心のあらわれとしか思えない。こうした態度や仕草を見ると、われわれ人間とはちがうかたちかもしれないが、この動物はこの動物なりに死というものを理解しているにちがいない、と思えるのである。

死というものを認識しているにちがいない、自分よりも大きな動物。その実感から、狩りをしたときに生じるのは、動物との同等感覚である。

たしかに生物学的な認知や知覚の機能がちがう以上、彼らが見たり感じたりしている世界は、われわれ人間の属している世界とは決定的な断絶がある。麝香牛には麝香牛の世界があり、輪紋海豹には輪紋海豹の世界がある。ユクスキュルのいうところの環世界だ。知覚の機能、認知能力に差異がある以上、彼らが経験している世界は、私たちが経験している世界とはことなる世界であり、人間の機能をもって麝香牛の世界をうかがい知ることは不可能だ。しかし死を認識しているらしき彼らの挙動を見ていると、どうやら彼らが属する実存的な世界は、われわれ人間が属する実存的世界と同じくらい深く、手応えのあるもののように思える。であるなら、彼らはわれわれと同等か、あるいはそれ以上に命の重みのある動物なのであり、そういう動物を私は今、撃ち殺した——。

狩りのときに感じる同等感覚とはこのような感覚である。飛躍しているようだが、狩りをして動物を殺生することは、人に、自分はこの動物と何も変わらない、という感覚をもたせることにもつながる。殺しの負い目、つまりこの生き物を殺してまで自分は生きるに値する存在なのか、という負い目は、この動物は自分とひとしい、という感覚があって生じるものだ。同等か、それ以上の存在と感じるからこそ、人はその動物の生を想像し、そしてこんな立派な存在を殺めてしまったとの負い目をかかえる。

動物は死を認識しており、私たちと何も変わらない存在に見える。そのような動物を私は殺してしまった。生きるためとはいえ、このような立派な生き物を殺してまで、私は生きるに値する存在なのだろうか。

動物の眼を見ることにより、私は動物の視点で自分の狩猟行為をながめ、そこからこのような負い目をかかえる。この負い目は生きていること自体への負い目であり、罪悪感だ。この負い目には、存在の根源にまでたちもどらせる力があり、その意味でじつに貴重なものである。狩猟行為には、そもそも人間と動物の関係を考察させる機序がそなわっているといえるのかもしれない。

狩りをつづけるうちにこの負い目はどうしても薄らいでゆくが、しかしこの視点は失ってはならない視点であるので、私は狩りをしたとき、かならず動物の眼をみて、おのれの行状をふりかえり、あえて負い目を心根に刻みつけたうえで、肉が手に入ったことを喜ぶことにしている。そうしないと動物の命を奪っているという原罪を忘れてしまいそうになるからだ。

自らの原罪を炙り出すという点を考えると、狩りには神聖さがある、ともいえるかもしれない。だが忘れてはならないのは、狩りとは元来、暴力そのものだということである。

狩りの根底にあるのは神聖さではなく野蛮さだ。私はここまで土地との調和だとか動物の視点の獲得などと、きれいごとだと言われても仕方がないようなことを書いてきたが、しかしそれ以前の問題として、生き物を自らの手で殺す以上、狩猟は暴力以外のなにものでもない。このことは銘記すべきである。

しかもこまったことに狩りは面白い行為でもある。

狩りの面白さを否定することは私にはできないし、そこは認めなければならないところでもある。獲物を追いかけるとき、あるいは射程にはいるためにじりじりと接近するとき、たしかに私は、ほかでは経験できない緊張感、高揚感、どきどき感、はらはら感等々、いろいろな感覚をあじわっている。人類が狩猟で生活してきた旧石器時代の記憶が身体にのこっているのか、それが本当かどうかは知らないが、アドレナリンが噴出して異様なまでの興奮をおぼえることもたしかにある。狩りを前提に旅をしたいという欲求をおさえられないのも、その根底に面白味があるからだし、この面白いという感覚は、太古の昔に狩猟して生きのこってきた種族としては生物学的にも必要だったものでもあるはずだ。なぜなら狩りを面白いと思える感覚がなければ、ホモ・サピエンスが他の肉食動物との生存競争にたちむかえたはずがないからだ。原野で生きのこるために、人類は狩りを面白いと思えるように進化した。

しかし野蛮で面白い行為であるからこそ、そこには葛藤も生じる。それは、命ある存在を苦しめ殺害する行為を面白いと感じるこの心性はいったい何なのか、それは慎まれなければならないものなのではないか、という躊躇《ためら》いの心情だ。

これは生じるというより、むしろ生じなければならない心情、忘れてはならない心情なのかもしれない。狩りの面白さに躊躇う心情がなければ、この野蛮な殺害行為は野放図にどこまでも拡大するだろう。それは獲物となる動物の生活領域をせばめ、生態系のバランスをくずし、ひいては人間自身の生活の場でもある自然を破壊することにつながるかもしれない。べつにここで自然保護思想を語るつもりは毛頭ないが、しかし人類はどこかの時点で狩猟の面白さを戒め、抑制して、野蛮さを神聖さに転換させる仕組みを必要としたのではないだろうか。

先述の神聖さというのは、狩猟が根源的にかかえた野蛮さを手なづけるための人間の工夫だったように思う。

狩猟には面白味がともなうが、この面白い行為は動物を殺す行為でもある以上、単純に是認することは戒《いまし》めなければならない。この面白さのなかには殺しという罪悪がやどっている。しかし一方で人は生き物を殺生しないかぎりは生きていけない。罪悪を引きうけるために、狩りの根底にある野蛮さは浄化され、神聖さに転換されなければならない。狩猟といういとなみをつづける以上、人類はどこかの時点でこうした思想的課題を解決しなければならなかったはずだ。

そして唯一、野蛮を神聖に変える可能性をもつのが、殺しにともなう負い目であり、この動物は自分たちと同等かそれ以上だという視点だったはずである。自分は動物と何も変わらないのだ、との視点にたつことが、人類が自然のなかで生きていくための唯一の回路だったのであり、だからこそ狩猟民の神話はひたすらそのことを語るのではないだろうか。

4

最後にもうひとつ、狩りについて感じる個人的所感をつけくわえておくことにしよう。

今述べたように、狩りには動物との視点の一体化という側面があるのだが、そのせいか、狩りを前提に旅をすると、どうしても、自分も動物に殺される可能性を担保しておかなければならない、との摩訶不思議な義務感みたいな心情が生じる。

もちろん殺されたい、死にたい、などと思うわけではないのだが、でも、自分だけ死の危険のない安全な立場にたち、そこから動物を狩ることはゆるされないことなのではないか、人倫にもとることなのではないか、との感覚が心のどこかにある。

たとえば雪上バギーに乗っていつでも逃げられる態勢をととのえつつ安全な場所から高性能ライフルで灰色熊を撃つ、みたいな狩りにはどこか非道なところがあるように感じられるが、それは死のリスクという正当な対価を支払わずに動物の命をうばっているからだ。

このような感覚が生じるのは、動物の命には尊厳があり、狩りをおこなうにしてもその尊厳を踏みにじることは人倫に反する、との道徳律が、人間の心性に根源的に内在しているからだろう。動物の尊厳を保ちつつ、狩りをする。このアクロバティックな命題を解決するためには、ことによっては自分も死ぬ、あるいは殺される、との立場をのこしておかなければならない。相手が死ぬだけではなく、自分も死ぬ環境を確保しておくことではじめて双方の釣りあいはとれ、動物の尊厳を踏みにじらなくてすむからだ。

動物を狩るのなら、できれば自分も死ぬ危険性がある環境でおこなわれるべきだ。犬橇《いぬぞり》は暴走する危険があり、単独で犬橇にのって長期漂泊すれば、それ自体が危険な行為なので、このような旅の最中に狩りをして食料を調達することは自然の掟に違反しない、という感覚が私にはある。

さらにいえば、その死のリスクが野生動物によりもたらされるものであれば、立場としてはより公平になり望ましい。

もし私を殺すかもしれない動物がいるとすれば、それはまず白熊であろう。白熊はイヌイットにとっても北極の王者であり、自然の力を体現する特別な動物なのだが、それは単に巨大で力の強い肉食獣だからなのではなく、一番自分のことを殺す可能性のある動物だからでもあるにちがいない。

私にとっても白熊は脅威となりうる動物であるが、二〇一九年に犬橇をはじめてからは、とりわけ強くそのことを意識するようになった。

もちろん、それまでの人力橇でも白熊の危険がないわけではなかった。たとえば、私にとってはじめての北極行となった二〇一一年の極北カナダ徒歩旅行では、白熊の生息数の多い地域に行ったこともあり、行動中に何度も目撃したほか、テントを揺らされたことも二度ばかしあった。ただ人力橇の場合は鉄砲や、ベアバンガーという熊除け用の打ち上げ花火みたいな威嚇道具を鳴らせば追い払えるので、あまり怖いという感じはしない。

しかし犬橇の場合はそれとはちょっと別の怖さがあるのだ。

人力橇とちがって犬に橇を引かせる犬橇は、最終的な行動のイニシアチブを犬に握られているところがあり、犬が行きたい、我慢できないと思うと、人間に制御不能となることがある。一万年ほど前から橇引き犬として人間の狩猟の相棒をつとめてきたグリーンランド犬は、犬というより飼いならされた狼のようなものだ。犬橇の長期旅行では、このような半分野獣のような十頭のもの群れが、一カ月以上も橇を引き、ひどく飢えた状態となっている。窮乏においった状態で犬が白熊の存在を嗅ぎつけると、脂のしたたるステーキ肉が目の前にぶら下がったようなもので、彼らはそれを完全に獲物として認識する。臭いに気づいた瞬間、犬は白熊を標的としてロックオンし、十頭が一丸の集団となって猛烈ないきおいで走り出す。そうなると、人間がいくら「止まれ！」と叫んだところで止まるものではない。雪の状態でブレーキがきけばいいものの、雪のないカリカリの新氷で、しかも橇の積み荷が軽かったりすると、ブレーキなど弾き飛ばして犬は爆走をつづける。そして白熊のほうはというと、人間をうえにのせた巨大な橇を引き、狂ったように突進してくる犬の集団など化け物にしか見えないだろうから、当然、背をむけて一目散に逃げ出す。逃げるものを追うのは犬の習性なのでさらに勢いがつく。勇敢なグリーンランド犬は白熊を恐れる様子など微塵も見せない。闘争本能をむき出しにして一心不乱に追いかける。

こうして追う犬、逃げる白熊、そして橇のうえであたふたする私、という三者構図が完成し、逃げる白熊の背中がどんどん接近してきて、このままでは激突必至、嗚呼どうしよう、との状態が現出するわけだ。犬橇で旅をしていて白熊に遭遇すると、このような犬V.S.白熊の戦闘のただなかに自分が放り込まれる危険がつねにある。

ちなみに、イヌイットの白熊狩りは犬のこのような習性を利用しておこなわれる。

彼らがどんな狩りのやり方をするかというと、まず犬に白熊を追わせて、橇を走らせた状態のまま、とりわけ勇敢な数頭の犬の引綱をナイフで切断する。引綱を解かれ空身となった犬はスピードをあげ、犬橇に先行して白熊に追いつき、吠えたり噛みついたりして熊を足止めする。そこへ犬橇本隊が追いつき、熊に照準をあわせて引き金をひく。となると、これは極端なことをいえば、犬と熊が戦闘しているところへ人間が飛びこむようなものなわけだから、いくらライフルをもっているとはいえ、ときに反撃を食らう恐れもあるだろう。

実際に二〇二〇年春、シオラパルクのカガヤ——本名プッダ・ウッドガヤ——という愛称をもつ老猟師が白熊の反撃をくらって危うく一命を落としそうになった。

カガヤは、植村直己の橇をつくった人物として彼の著書『北極圏一万二千キロ』にも登場する村の長老格だ。七十をこえた現在もバリバリの現役猟師で、毎日のように海豹を追いかけている。狩りに熱心なだけでなく、あっちのほうもまだ盛んなようで、私が家を訪問するたびに、昔シオラパルクにやって来た日本の北極遠征隊の人から教えてもらったという下品な日本語を口にしては、イヒヒと楽しそうに笑い声をあげる愉快な人だ。

そのカガヤが春のある日、村で一番、というか、もしかしたらグリーンランドで一番かもしれない巨漢力士、ではなく巨漢猟師カーリーと二人で、村のある半島の岬のさらに沖合で海豹狩りをしていた。そこに沖のほうから白熊が接近してきた。最初に気づいたのはカーリーだ。カーリーは即座に、白熊や海象などの巨獣相手につかう三十口径のライフルを取り出し、狙いつけて引き金をひいた。弾は白熊に命中し腹部を貫通したが、致命傷にはいたらず、熊は沖にむかって逃げ出した。

今度はカガヤが犬橇で逃げた熊を追いかけた。犬たちは徐々に距離をつめてゆき、ここまでいけば、あとは手負いの熊に弾を命中させるだけ、というところまで追いつめた。ところがそこで事態は一変し、熊が突如、向きを反転し、カガヤの橇にむかって走り出してきた。そしてそのまま犬橇に突進し、慌てて逃げようとするカガヤの尻にがぶりと噛みついたという。

もはや絶体絶命、と思われたが、今度は三頭の犬が白熊に噛みついて反撃を開始する。犬を振りほどこうと白熊が尻から口をはなしたその隙にカガヤは逃げ出し、ライフルで脳天を撃ちぬき、かろうじて撃退したという。

翌日、私はカガヤの家を訪れ、つたない地元言葉で話を聞いた。最後に「怖かった?」と訊いたところ、カガヤは、いつもの愛嬌のある笑みをうかべつつ、「無茶苦茶怖かった(カッピヤンナット・アッヒョッホア)」と独特のかすれ声で率直な気持ちを口にした。カガヤの尻の傷がどれほどのものだったかうかがい知れないが、その後、しばらくの間、痛みで犬橇に乗ることができず、村の診療所に足しげく通っていたところをみると、全治一カ月以上の重傷だったものと推察される。

陸の王者白熊だけでなく、北極の海の王者海象も私を殺すかもしれない動物のひとつだ。しかも海象の場合は可能性の話ではない。本章の冒頭で死んだ海象の眼について触れたが、じつはその後のカヤック航海の途上で、本当に海象に襲われあやうく命を落としかけたのだ。

この件にはついてはほかの著作（『極夜行前』）で詳述したのでくりかえさないが、二十五年以上の探検や登山経験であれほどおそろしい目にあったことはほかにない。これまで私は、完全に死ぬ状況でたまたま生きのこったというケースが二度（雪山での雪崩、チベット探検中の滑落）、ほかにも雪崩埋没、食料不足による野垂れ死に、氷河から吹き降ろす猛烈な風等々、死を意識する状況を何度か経験してきたが、恐怖という点にかぎっていえば、海象に追いかけまわされたこのときに勝るものはない。

自分を凌駕するはるかに圧倒的な力をもつ動物に追われる恐怖、そこには後期旧石器時代に大型肉食動物に命を脅《おびや》かされていた時代の記憶があるのではないだろうか。しかも海象に追われるのは白熊に追われるよりはるかに怖い。今年春の犬橇旅行中、目の前で白い鼻息をシューシューとあげる白熊と対峙し、一瞬、嗚呼俺はこいつに殺されるのかもな、と覚悟しかけた瞬間があったが、でもそのときよりカヤックで海象に追いまわされたときのほうがおそろしかった。事実、シオラパルクの村人は白熊より海象を脅威だと感じているが、それがなぜかといえば海が人間にとって圧倒的に不利な場だからだ。

海上では、カヤックでパドルを漕ぐという陸棲動物としては不自然な動作をしいられる状況にある。ライフルを所持しているとはいえ、そんなものは不意におとずれる海象の襲来にはなんの役にもたたない。海中にもぐる海象の姿はカヤック上からは絶対に見えず、魚雷みたいにドッパーンと海面から顔面を突きだすその瞬間まで、気配を察することさえできない。それにライフルはデッキに積んであり、海象があらわれた瞬間、デッキからとりだし防水袋から出して……などと狙撃の準備をこころみたところで、その前に転覆させられるに決まっている。だから遭遇したら逃げるよりほかないのだが、逃げたところで無論、相手のほうが断然速い。

このときの経験をひと言でまとめれば、私は海象に狩られそうになった、ということだ。

村で聞いたところによると、海象に襲われた人は海中に引きずりこまれて牙で肺臓をぶすっとひと突きにされ、死体は水中に沈降してゆき、海面には血の大輪が咲くらしい。私はそんなシーンをすぐそこにある未来として鮮明に描きながら、後ろからゆったりとした追い波をたて、龍のように体をうねらせる海象から必死で逃げた。そして逃げ切ったことがわかったときにこみあげてきた、生きのこった……という猛烈な安堵。動物に狩られそうになり、しかも生きのこるという経験は滅多にできるものではない。狩られるものの立場がわかるという点では、これはじつに稀有なものだった。

海象はそれ以来、私にとっては二面性をもつ存在となっている。

あのとき海象がぬぼーっと海面から顔をあらわし、襲撃におよんだときの第一印象は土塊《つちくれ》の化け物というものだった。黄土色をしており、眠たそうな半開きの顔は醜悪で、神がつくりたもうた被造物としては完全に失敗作、どう見ても妖怪海坊主の原型、そんなふうに私の眼には映った。このようにおそろしくネガティブな姿に見えたのは、この動物にたいする私の恐懼《きょうく》が実物に投影されていたからだ。人間にたいして暴威にもなりうる自然の力が海象の姿に乗りうつり、醜い姿をした怪物として私には知覚されたのだ。

でもその一方で、このとき以来、海象は、私にとってはほかの動物よりもはるかに特別な地位にある動物となっている。今ふりかえると、なぜ私はあのとき逃げ切れたのか、不思議な気持ちさえわいてくる。たまたま海象の気が変わり見逃してくれたのか、あるいは単に目障りだったので威嚇しただけだったのか。いずれにせよ海象が見逃してくれたことで今の私があるわけで、その意味で私は海象によって生かされたのだともいえる。生きることを許してくれた海象が私にとって特別な存在となるのは、自然な成り行きといえるかもしれない。

襲撃を逃れたことで、私という人間は、〈海象に殺されそうになったことのない人間〉から〈海象に殺されそうになった人間〉にひと皮むけた。そのせいか心のどこかで海象を自然の力を体現した偉大な動物なのだととらえているところがある。この航海の直後に私は村で極夜探検用の橇を製作し、〈AUVEQ〉（海象）と命名して赤いマジックで記したのだが、そんなことをしたのも、襲撃を受けたことで、逆に、この動物にたいして敬意のようなものをいだいたからだ。偉大な海象に探検の危険から身を守ってもらいたいという願いが、あのとき、私の心の片隅にあったのかもしれない。

あとがき

アウンナットに到着して犬の引綱をほどいていると、目の前の猟師小屋から大島育雄さんがひょっこり姿をあらわした。「お疲れさま、ちょうど小屋が温まったところだよ」。まさに破顔と形容したくなる、太陽のような笑いをうかべる大島さんと雑談をかわしながら、私はこの伝説的人物に容易ならざるものを感じていた。

この春のことだ。

私の父と同じ一九四七年生まれである大島さんは、これが最後の犬橇《いぬぞり》旅行だと宣言して、そのとき、アウンナットの小屋までやってきていた。

アウンナットまで犬橇で来るのは決して簡単なことではない。直線距離こそシオラパルクの村から百キロ少々しかないが、標高差千メートルの氷河をのぼり、その先も内陸氷床や、岩場まじりのツンドラを越えねばならず、それなりの気合いが必要だ。とりわけ今年は二、三月に猛烈な北風が吹きつづいたせいで、氷河の源頭にひどいサスツルギ帯ができており、状態はとんでもなく悪かった。そのハードな道程を、すでに七十代半ばとなった大島さんは、ふとした拍子に暴走しかねない犬橇という乗り物で、たった一人で旅をしたのである。

無論、大島さんは、狩りや犬橇の技術はもとより、周辺の自然環境やルートについて深い知識を有する経験豊富な猟師であり旅行家である。その実力はシオラパルク、カナックなど北西グリーンランドの地元猟師でも指折りであり、正真正銘の〈エスキモーになった日本人〉だ。しかしそれでも年齢を考えたら、こんなところに一人で犬橇で来るのはただ事ではない。

しかも単にそこに来ただけではない。積み荷の重さの差があるとはいえ、私が一週間かかったところを、おどろいたことに大島さんはたった二日で駆け抜けたというのだ。おまけにそのあと、五十キロ離れたイヌアフィシュアクまで往復し、ちょうど小屋にもどってきたところだというのである。

「いやぁ、角幡君、おれはもう年だぁ。気力がわかないのね。これであきらめがついた。あきらめ旅行だ」

ため息をつきながら破顔する大島さんを前に、私は、いったいこの人は何を言っているのだろうか、と不思議に思った。言葉と行動が全然嚙みあっていないではないか。スタッフの全面的なサポートのあった三浦雄一郎のエベレスト登山より、これはむしろ偉業ではないのか、などと思いながら、私は雑談に興じていた。

＊

あたり前だが大島さんの旅のやり方は伝統的なエスキモーの流儀にのっとっている（ちなみにエスキモーという言葉はグリーンランド北部の人たちにとって侮蔑的な意味のある言葉ではない。彼らは普段、自分たちのことを〈イヌイ inuit〉と呼ぶが、でも時折エスキモーという呼称もつかう。そして、たぶん、ではあるが、エスキモーという呼称には、狩りや犬橇など伝統的技術を駆使して旅や生活をしていた真のイヌイットという誇りがこめられている。だから私もそういう旅をしているイヌイットのことをエスキモーと呼ぶことにしている）。

彼らはまず重たい荷物で犬橇の旅に出るようなことはしない。橇が重くなると速度が落ちるばかりか、岩場や乱氷、サスツルギといった悪場では、犬が走ることを拒否して動かなくなる。彼らは旅をするのは狩りのためであり、いざ白熊を追いかけているときに橇が止まれば、旅に出た意味そのものがなくなってしまうのである。だから、それを避けるために食料を極力はぶき、犬橇がもつ機動力を最大限発揮できるようにするのだが、もちろんそんなことをできるのも、彼らに高度な狩猟技術と、獲物のいる場所や動物の習性に深い知識があるからである。どこかで獲物をとれる自信がなければ、少ない荷物で遠くに行くことなど怖くてできるわけがない。

狩りだけでなく、ルートを見極める判断も真の旅の実力にもとづいている。グリーンランドの内陸は地形が複雑で、雪のしっかりとついた正しいルートから少しでも外れてしまうと、岩だらけの場所に彷徨《さまよ》いこんだり、通行不能な滝にぶちあたったりしてひどい目にあう。とくに犬橇の場合は全体的な道具立てがいろいろと大がかりになり、ハマる可能性が高く、しっかりとしたルートをたどることが肝要だ。しかし、そういう正しいルートは地図に表記されているものではない。ちょっとした地形や雪のつき具合など、その場でないとわからないものを目印にするので、先人からの伝承か、自分で旅をして蓄積した経験知をもとにするしかない。

大島さんの犬橇のトレースをたどると、こうした悪場を巧みに避けており、「なるほど、こう行くのか」ととても勉強になる。氷床を下りてからアウンナットに出る谷まではルート取りが複雑で、私はいつも迷ってしまうのだが、話を聞くとどうやら〈ピゴ〉とよばれる雪面から突き出した丘を目印にしながら進むらしい。そして、こうした合理的なルートを、アウンナット周辺だけではなくいたるところに張り巡らせているようだ。だから地図なんてものは、そもそももってきてさえいないのである。

近代的な冒険行は、だいたい一度切りしかそこにいかないので、どうしても事前に地図のうえに線を引き、それにしたがって現実の自然状況を無視し、剪断《せんだん》しながら直進しようとする。でもエスキモー式のやり方はそうではなく、目の前の生きた自然環境に忠実にしたがって移動する。そして彼らがそういうやり方をするのは、環境に調和したほうが思想として素晴らしいから、というどうでもよい理由からではなく、単にそっちのほうが効率的に移動できて、犬が疲れないからである。

こうした狩りの技術や土地の知識をもとに、彼らは自由自在に旅をする。大島さんは出発前から「どこに行くのか決めていない」と話していた。これはいい加減だということではなく、そのとき、その場の流れや展開次第で行先はおのずと決まってくる、ということだ。

もしアウンナットにむかう谷の途中で麝香牛《ジャコウウシ》がとれたり、小屋のすぐ近くの海氷で白熊が獲れたりしたら、とんでもなく遠くまで行くこともあるかもしれない。また、海氷の状態や雪の積もり方次第でも行先は変わるだろう。土地や自然環境の知識が豊かなので、嗚呼、今回はここの海氷がこんな状態なのであっちに行こうか、なんて感じで、状況に応じた選択肢を柔軟に選ぶことができるのである。

この域に達すると、現場の状況がわかってもいないのに事前に計画をたてるのは（そしてその計画にしたがって直線的に進むのは）、むしろ愚かしく、非合理的でバカのやることだ、と感じられるのかもしれない。

これこそがナルホイヤの精神だ。

翌日、大島さんは小屋から西に約四十キロほどはなれたアノイトーまで往復するというので、私もついていった。アノイトーは、かつてエスキモー猟師たちがカナダ側に狩りに行くときにかならず立ち寄ったポイントであり、大島さんにとっても思い出深い土地なのかもしれない。運悪く海氷状態が悪く、アノイトーの直前までしか行けなかったが、そこで記念撮影をして、小屋にもどり、それから二日間風待ちで停滞して、大島さんは村へともどっていった。

風待ちのあいだは何もすることがないので、いろいろ昔話を教えてくれたが、どれもこれも刺激的なものばかりだった。

今はアウンナットに小屋があるので、ここが旅の拠点になるが、小屋がなかったころはアノイトーがベースになったという。アノイトーでは多くの海象《セイウチ》が夏を越すために集まる。犬の餌にもっとも適しているのは海豹《アザラシ》ではなく鯨でもなく、ましてや白熊でもなく、海象の肉である（消化がほどほどに悪く、腹持ちが良いから）。猟師たちは夏にボートでやってきて海象狩りをして、とった獲物の肉のうえに十分な石を積みあげて、太陽の光がさしこまないようにして保管した。海象や海豹や鯨などの海獣の肉は、陸上動物の肉とちがって、日にあてなければ発酵するだけなので、一年や二年は十分に人間の食料としても利用できる。そして春になったら彼らは今度は犬橇でアノイトーにやってきて、夏に備蓄した海象デポを回収して、スミス海峡からエルズミア島にわたったり、北部のフンボルト氷河まで足をのばして白熊狩りにむかったりしたという。昔のエスキモーはそれを毎年くりかえしていた。

こんな雄大な話をきいていると、大量のフリーズドライ食品をもちこんで、テクノロジーの助けを借り、二カ月とか三カ月の短い期間で、ちまちまとその場かぎりの〝冒険〟をおこなうことが、じつに皮相で馬鹿々々しいことに思えてくる。どう考えてもエスキモーの旅のほうが難しいし、行為として深い。

目の前の生きた現実にしたがったほうがなにごとも効率的であるが、それを生かすには経験と実力と知識が必要である。そういうエスキモー流の旅のスタイルに私は憧れる。そしていつかはこの域に達したいと思っている。こんなふうに自在に旅できる土地をどんどん広げてゆくのが、今の私のやりたいことだ。

*

シオラパルクに行くようになってからはやくも七年になる。正直これほどこの村にかよいつめることになるとは、まったく考えてもみなかった。

はじめてこの地に足を踏み入れたのは二〇一四年冬、忘れもしない、妻の出産にたちあって、娘を抱きあげてからわずか十日ほど後のことだ。

当時の私には、冬の極夜を探検するという強い目的があった。シオラパルクは地球上でもっとも高緯度にある集落であり、極夜の闇が一番深い地でもある。そのときの私はできるだけ深い極夜の深淵に入りこみたい、と考えていたので、ここを出発地点とするのがベストだと考えた。そして目標が明確だっただけに、極夜のプロジェクトが終わったら、たぶん自分はシオラパルクを離れて、また別の地に探検の対象を求めるだろうなぁ、とも思っていた。

ところがそうはならなかった。それどころか事態は全然、逆にむかったのだった。

本番の極夜探検を終えたあとも、私は毎年せっせとこの村にかよっている。いや、かよっている、などという生易しいものではない。その後、私は犬橇をはじめて今では現地に十五頭もの犬を飼っており、今や冬から春にかけて犬橇で北部無人境を旅をすることがライフワークになっている。犬の維持費やら渡航費やらで年間三百万円もの活動費を捻出しなければならないのに、やめられないのだ。

いったいどうしてこんなことになってしまったのか。

今の私は一年の半分は日本で、あとはシオラパルクで、と事実上の二重生活を送っており、しかも、その中心はじわじわとシオラパルクのほうにうつっている。はっきり言って、日本に帰国するのは妻子と一緒の時間を過ごすためであり、それ以外の意味はない。できれば家族で移住したいというのが本音だ（制度的に無理だが）。

生活スタイルだけでなく、考え方や旅に求めるものも、七年前の自分と今の私とではまったくちがう。七年前に極夜探検をはじめたときは、旅の中心に未知への憧憬があった。でも、今の私にはそういうものはあまりない。それに書くことに対しての意識も大きく変化した。かつては最終的に本にして文章で表現することが行動を起こす大きなモチベーションにもなっていたが、今は逆に、自分がやろうとしていることは本のテーマとして適切なのだろうか？　との疑念すらある。

かりに今の私が望むように、グリーランド北部からエルズミア島にかけて自在に旅行できるようになったとしよう。でも、そこで私が見る風景は他人と共有できるものだろうか？　毎年同じところに行くわけだし、他人から見たら同じようなことをやっているわけだ。どんなに自分の世界が広がり、内面が深まったところで、それが読者を引きつける素材にはなるだろうか？

かつて私は書くことに大きな期待をもっていた。表現物のなかにこそ自分の経験のすべてが存在する、と思っていた。だからそれを（正しく）読んでくれれば、読者は私のすべてがわかる、そういう本を書く、と思っていた。でも今は、自分がやろうとしていることは、おそらく最終的には書いて表現することはできない、と考えている。そしてそれでも別にかまわないと思っている。別に表現できなくたってそこに到達できればいい、そんなふうに考えが変わった。

どうやら探検という行為を自分なりに真剣につきつめた結果、私は探検家でも作家でもなく、一介の極地旅行家となってしまったらしい。そしてそのような変状を私にしいたのも、北極の自然であり、ナルホイヤに象徴されるシオラパルクの人びとの生き方や考え方だったように思う。

本書はシオラパルクの人びとと接するなかで、私が感じとった彼らの思想や世界観を、可能なかぎり言葉におきかえたものだ。といっても、私は現地語を十分に解さず、村人との会話は片言の域を出ない。言語に制約があるので、調査や取材のようなものをしたわけではない。もしこの本の読者が、私と村人との会話を聞いたら、え、角幡さんはこの程度の言葉しか話せないのにあんな本を書いたの？とビックリするだろう。まったく恥ずかしいかぎりであるが、とにかくそういうわけだから、この本は自分の経験や直感をもとに推断した、要するに単なる印象譚、エッセーだ。だが、そうではあるものの、急所は外していないはずだ、との自信もある。

本書の執筆は、清水弘文堂書房の礒貝日月さんからの依頼がきっかけとなった。礒貝さんは極北カナダのイヌイット集落に住みこんだこともあり、もともと旧知の間柄だ。彼は、その関係を利用して、いやぁ忙しいからなぁとしぶる私を無理矢理説き伏せたわけである。しかしそのおかげで、これまで何となく村人にたいして抱いていたもやもやとした思いを、このように本というかたちにまとめることができた。編集者としてもやもやする私を導いてくれた礒貝さんに、この場を借りてお礼申しあげたい。

二〇二一年五月三十一日

角幡　唯介

角幡唯介（かくはた・ゆうすけ）

一九七六（昭和五一）年北海道生まれ。早稲田大学卒業。同大探検部ＯＢ。新聞記者を経て探検家・作家に。

チベット奥地にあるツアンポー峡谷を探検した記録『空白の五マイル』で開高健ノンフィクション賞、大宅壮一ノンフィクション賞などを受賞。その後、北極で全滅した英国フランクリン探検隊の足跡を追った『アグルーカの行方』や、行方不明になった沖縄のマグロ漁船を追った『漂流』など、自身の冒険旅行と取材調査を融合した作品を発表する。二〇一八年には、太陽が昇らない北極の極夜を探検した『極夜行』でヤフーニュース本屋大賞ノンフィクション本大賞、大佛次郎賞を受賞し話題となった。翌年、『極夜行』の準備活動をつづった『極夜行前』を刊行。二〇一九年一月からグリーンランド最北の村シオラパルクで犬橇を開始し、毎年二カ月近くの長期旅行を継続している。

主な著書

『空白の五マイル　チベット、世界最大のツアンポー峡谷に挑む』集英社、二〇一〇年

第八回開高健ノンフィクション賞

第四十二回大宅壮一ノンフィクション賞、

第一回梅棹忠夫・山と探検文学賞

『雪男は向こうからやって来た』集英社、二〇一一年
第三十一回新田次郎文学賞
『探検家、36歳の憂鬱』文藝春秋、二〇一二年
『アグルーカの行方 129人全員死亡、フランクリン隊が見た北極』集英社、二〇一二年
第三十五回講談社ノンフィクション賞
『探検家の日々本本』幻冬舎、二〇一五年
第六十九回毎日出版文化賞書評賞
『漂流』新潮社、二〇一六年
『探検家、40歳の事情』文藝春秋、二〇一六年
『極夜行』文藝春秋、二〇一八年
本屋大賞二〇一八年ノンフィクション本大賞、大佛次郎賞
『新・冒険論』集英社インターナショナル、二〇一八年
『極夜行前』文藝春秋、二〇一九年
『探検家とペネロペちゃん』幻冬舎、二〇一九年
『エベレストには登らない』小学館、二〇一九年
『そこにある山 結婚と冒険について』中央公論新社、二〇二〇年

清水弘文堂書房
制作総括　議貝日月
編集　二葉幾久
校閲　上村祐子
DTP　中里修作
装丁　深浦一将
特別協力　石川祥次郎　窪田暁

アサヒグループホールディングス株式会社「アサヒ・エコ・ブックス」
総括担当者　勝木敦志（代表取締役社長 兼 CEO 兼 日本統括本部長）
担当責任者　野村和彦（日本統括本部　事業企画部長）
担当者　廣瀬貴之（事業企画部）

狩りの思考法

ASAHI ECO BOOKS 40

二〇二一年一〇月二九日　初版第一刷発行

著　者　角幡唯介
発行者　勝木敦志
発行所　アサヒグループホールディングス株式会社
住　所　東京都墨田区吾妻橋一-二三-一
電話番号　〇三-五六〇八-五一一二
編集発売　株式会社清水弘文堂書房
発売者　礒貝日月
住　所　東京都目黒区大橋一-三-七-二〇七
電話番号　〇三-三七七〇-一九二二
FAX　〇三-六六八〇-八四六四
Eメール　mail@shimizukobundo.com
ウェブ　http://shimizukobundo.com/
印刷所　モリモト印刷株式会社

 ISBN978-4-87950-636-8 C0095
Printed in Japan.